Romance Histórico

CAMINO DE ESPINAS
Segunda Época

ANTÔNIO LIMA

Traducción al Español:
J.Thomas Saldias, MSc.
Lima, Perú, Febrero 2025

Título Original en Portugués:
"Senda de Espinhos"
© Antônio Lima, 1933
Traducido al Español de la 4ª Edición Portuguesa.

World Spiritist Institute
Houston, Texas, USA
E mail: contact@worldspiritistinstitute.org

Sobre el Autor

Antônio Lima nació en la entonces capital del Imperio de Brasil, Río de Janeiro, el 30 de marzo de 1864. Fue uno de los pioneros del Espiritismo en Río de Janeiro, aunque no se sabe exactamente cómo tomó conocimiento de la Doctrina. En 1904, la Federación Espírita Brasileña (FEB) publicó los libros de Codificación traducidos por él, en una edición especial conmemorativa del primer centenario del natalicio de Allan Kardec.

Antônio Lima vivió durante muchos años en Belo Horizonte, donde dejó una larga lista de servicios prestados a la comunidad espírita, incluso como uno de los fundadores y primer presidente de la Unión Espírita Mineira, donde lideró una importante campaña a favor del estudio sistemático de la obra de Allan Kardec, estudio que contó con gran número de inscripciones. La actuación fue muy prometedora y muchos de estos aprendices se unieron a la primera línea de la Doctrina. De esta manera, Antônio Lima dejó a la posteridad una lista de valiosísimos servicios prestados al Espiritismo, como periodista, poeta, escritor y en varios otros campos de trabajo. Una vida larga y útil en todos los sentidos, especialmente como discípulo de Cristo, en la preparación del terreno para el tercer milenio. Fue uno de los partidarios del movimiento de Unificación impulsado por el Dr. Bezerra de Menezes cuando era presidente de la Federación Espírita Brasileña. En 1922, representantes de casi todas las Federaciones Estatales se reunieron en Río de Janeiro, en un anticipo del Pacto Áureo, que no se concretó hasta 1949.

Antônio Lima fue un escritor, periodista y gran exponente de la Doctrina Espírita. Lima dejó una vasta bibliografía espiritista y no espiritista, además de varias traducciones del francés, inglés y español.

Colaboró con toda la prensa espírita de la época, siendo uno de los expositores más solicitados. Tenía mediumnidad intuitiva y decía que todos sus libros surgían de la inspiración; sin embargo, no identificó al autor o autores espirituales y, por ello, firmó todos los libros. Fue un feroz defensor de la pureza doctrinarial, y sus palabras fueron escuchadas con respeto y admiración, tanto en temas doctrinarias como evangélicas. Desde su juventud se convirtió en un verdadero sembrador al servicio de Jesús, contribuyendo significativamente a la difusión del Espiritismo en diversos frentes de trabajo.[1]

---

[1] Fuente: https://espiritismo.tv/Vocabulario/antonio-lima/

Del Traductor

Jesús Thomas Saldias, MSc, nació en Trujillo, Perú.

Desde los años 80s conoció la doctrina espírita gracias a su estadía en Brasil donde tuvo oportunidad de interactuar a través de médiums con el Dr. Napoleón Rodriguez Laureano, quien se convirtió en su mentor y guía espiritual.

Posteriormente se mudó al Estado de Texas, en los Estados Unidos y se graduó en la carrera de Zootecnia en la Universidad de Texas A&M. Obtuvo también su Maestría en Ciencias de Fauna Silvestre siguiendo sus estudios de Doctorado en la misma universidad.

Terminada su carrera académica, estableció la empresa *Global Specialized Consultants LLC* a través de la cual promovió el Uso Sostenible de Recursos Naturales a través de Latino América y luego fue partícipe de la formación del **World Spiritist Institute**, registrado en el Estado de Texas como una ONG sin fines de lucro con la finalidad de promover la divulgación de la doctrina espírita.

Actualmente se encuentra trabajando desde Perú en la traducción de libros de varios médiums y espíritus del portugués al español, habiendo traducido más de 350 títulos, así como conduciendo el programa "La Hora de los Espíritus."

I

Incrustada entre París y Versalles, como una esmeralda entre dos perlas, descansa, modesta y silenciosa, en su simplicidad rústica de pequeña aldea, la región poética de Chaville, que esconde con ufanía en su núcleo la arboleda placentera con la naturaleza con la que la naturaleza la enriqueció.

Aquellos que han tenido la dulce aventura de brillar las brumas de angustia, quienes en este bosque bucólico podrían hacer que la melancolía o el anhelo de Meano, que son arietes contundentes sobre los corazones enfermos, solo puede ser el encanto que allí se disfruta al palpar sobre sus verdosas alfombras de relva y hierba seca, y bajo la sombra balsámica de acacias y mirtos, abedul y las hayas, para engalanar su entorno.

La creencia popular, en su confianza infantil en las transigencias de los agentes providenciales, ha modelado un pedestal simple a la entrada del bosque, sobre la cual entró la imagen de la Virgen, que lo rodea con genes aromáticos. Aquellos que tienen un corazón angustiado por sentir la flor de las flores de la esperanza y suponen que sean de la roca de la fe, le preguntarán a la piadosa dama el milagro de la *Bonne Chance* por sus aspiraciones, y tendrá, como un secreto inviolable, a fin de lograr la victoria, el escrúpulo de pedir mentalmente lo que quieren. Ser atendido, pero para lanzar simultáneamente sobre la cabeza del santo tantas rosas como son las gracias desapercibidas y mantenerse confidenciales cuando el milagro se otorga la realización de la súplica.

Y como son legión los que se abrigan en su manto, tanto como los desengañados de la suerte, la Corona, la capa, la Overena, el altar de la Virgen, todo el suelo alrededor del sol y la lluvia, al aire libre y a merced de los vientos, ya sea invierno o verano, teniendo como su cumbre el hermoso cielo azul, todo permanece estacionado de flores matizadas, en una innumerable profusión, formando un gran macizo, pesado, perfumado, de colores, agonizando lentamente con el paso de las horas y los días, de los meses y los años, al final pudriéndose en la misma proporción que se desvanecen las ilusiones de los que allí fueron a codiciar lo que la bondadosa intercesora no pudiera obtener del justiciero repartidor de los favores celestes.

En este rincón de paz y armonía, de sueño y ventura, que es Chaville, vivió en la segunda mitad del siglo XVII, un agricultor viudo, de nombre Maurício, con una hija de 7 años, la única nacida de su infeliz consorcio con una mujer, como él, de una clase inferior, que había terminado loca debido a un desequilibrio orgánico.

Un hombre de vida irregular, peleador y antipatizado de todos los que gozaron de su compañía, Maurício había establecido voluntariamente una barrera entre ellos y la sociedad de aquellos que dependían de los tramos inesperados del destino, y cuya validación en un momento se hace necesario en el medio en el que vive.

Pobre, habitando modesta y sórdida pocilga, donde a veces fue visitado por otra criatura simple, una niña de 15 años, que tributaba a la niña un afecto fraternal - era a esta niña que confiaba los cuidados de su hija en su ausencia.

Margarita, la joven compañera de Catalina, que se llamaba la pequeña, estaba huérfana y se encontraría abandonada, si no valía la solicitud de una familia, que la tomara a su cuidado y la aprovechaba en trabajos que le proveían compensaciones monetarias.

Fuera lanzada a los vendavales de la suerte debido a la muerte de sus padres en tierna edad, cuando aun tenía 10 años, y tal vez por eso mantenía sentimientos vívidos de piedad por los desafortunados, que se contaban por millares en esa vasta extensión de tierra.

A menudo Maurício se peleaba con otros agricultores, y fue en una de las disputas más violentas que, enemigos suyos, también de mala índole, se dispusieran a una venganza funesta.

Una noche, Maurício había recogido a su casa demasiado tarde cuando lo buscaron en silencio dos hombres para un entendimiento. Abierta la puerta, los recién llegados tuvieron un coloquio misterioso con aquel, y sin más preámbulos, le atravesaron el pecho con un cuchillo, dejando el cadáver sobre un charco de sangre. Luego buscan a su hija, le aprietan la garganta para que no grite, la arrastran fuera de la cabaña y la conducen al bosque de Chaville, donde, amordazándola y atándola al tronco de un árbol, la abandonaron como un inútil carga.

Solo dos días después fue notada la ausencia Maurício por los vecinos, que entraron en investigaciones sin conocer el misterio de su desaparición, y teniendo para esto la intervención de la policía, que luego descubrió el cadáver e inició la investigación para la captura del autor, o los perpetradores del asesinato, y el encuentro de la niña desaparecida sin que se lograse descubrir quién había cometido el crimen.

Sin embargo, en la tarde del segundo día, alguien paseando por el bosque, se encontró, sorprendido y asustado, con Catalina atada a un árbol. Fácilmente la desató del lazo y la llevó a la aldea, donde ella no supo contar a nadie lo que había pasado, ni tampoco quién fuera el sicario, autor de la muerte de su padre, que solo entonces se enterara que había sido asesinado.

La desafortunada, en convulsiones de agonía, pasara dos noches en vigilia y dos días sin alimentarse.

Abrazadas en abundante llanto Catalina y Margarita, ésta, solidaria con aquella, que venía a ser socia en la desgracia de la orfandad, tomó sobre sí el noble encargo de recoger a la infeliz y tenerla a su cuidado en su residencia, con el beneplácito de la generosa familia con la que convivía.

En este rápido decorrer del marco histórico vemos a Maurício – reencarnación del Duque d'Anjou – expiar su participación en la matanza de los hugonotes, teniendo como hija a antigua madre, Catalina de Médicis, la reina despótica y ambiciosa, ahora hija de un padre miserable, huérfana a los 7 años, amordazada y luego recolegida por su propia hija Margarita, en otra vida Margarita de Valois.

Todos los desvelos fueron dispensados a la huérfana, combinando la educación escolar y profesional hasta los 17 años, cuando Margarita había establecido relaciones amistosas con Henrique Portier, un hombre de 40 años, un comerciante rico que fuera de vinos, pero algo avaro, que aspiraba a desposar a la joven, pero no quería asumir la carga de llevarse a Catalina, cuando tomase el nuevo estado.

Como había en París algunos asilos orfanatos, el prometido de Margarita había podido convencerla que podría recoger a la niña en cualquiera de estos establecimientos a pesar de su edad.

Sin una situación definida, temerosa a las fluctuaciones de su futuro, Margarita había decidido casarse y tenía que ceder ante esta imposición preliminar. Luego se dirigió a un asilo protestante, ubicado frente al Parque Buttes-Chaumont, dirigido por Gaspar Ducos - en la vida anterior Gaspar de Coligny -, y propuso la admisión de la niña que allí fue llevada.

Aunque ya había alcanzado una edad mayor que la que estaba permitida para la admisión, Catalina fue aceptada por el director del orfanato, ya que necesitaba una auxiliar en el servicio interno, ya por una simpatía inexplicable para él. Era la intuición de un compromiso espiritual, que en tiempos idos había sido el motor principal de su desgracia, a fin de realizar con ese vínculo la reaproximación de ambos corazones.

Por su lado, Catalina, que obedecía impulsivamente la ley del destino, sintió inmediatamente íntima satisfacción de aquedarse residiendo en aquella casa, que le fueran mostradas todas las dependencias y donde debería desarrollar su actividad mediante el trabajo de ayudar a los niños más pequeños, ya que su ministerio sería el de conserje y ecónoma, secundando al director en su misión de caridad.

Hay una fuerza invisible dirigiendo nuestros destinos, encaminando los pasos para la realización de todo lo que nos impone la Divina Providencia en el sentido de borrar las manchas del pasado y rehabilitarnos en la virtud a través de las obras de bondad. Entonces, Catalina, habiendo contribuido a la matanza de miles y miles de protestantes en la antigüedad, se había lanzado al cuidado de los huérfanos. Ahora se impuso a la misión de apoyar a muchos de los que allí renacieron, habitando en ese mismo orfanato, donde fue llamada para darles cuidado, acariciarlos como niños, para disipar las sombras de una incompatibilidad fuera de la ley de armonía universal.

El joven protestante se expandió así frente a la interesada en el internamiento:

- Tendrás tu propio hogar en esta casa, porque en este templo cuelga la imagen del Señor, que bendice a todos. Las horas que pasarías en tu retiro en cualquier otro lugar pueden ser aquí aligeradas y unidas a la mansedumbre del espíritu con el lazo de la oración.

- Le beso las manos, reconocida por su generoso acogimiento. Me esforzaré por corresponder al estado de futura tranquilidad, al que me conducen sus manos benevolentes.

- Así, el Señor ha de permitirlo en su infinita bondad. Ciertamente crees en Dios, ¿no?

- Sí, creo...

- Sí, veo en tu rostro la señal de las creencias que firman allí, desde cuando la desventura violó el sello de tu destino. Tenías que sufrir. La vida es un contrato del destino, cuyas cláusulas ignoramos. ¿Qué es ella sino un rosario de amarguras?

- Y las mías comenzaron tan pronto...

- Mucho mejor, hija mía, perdóname llamarte así, a pesar de mis 23 años. Cuanto antes aparezca el temeroso fantasma del sufrimiento, más rápido asimilaremos la hiel que nos amarga en lo más recóndito del alma.

- Usted tendrá un sacrificio más en adelante, el de ayudarme a soportar el sabor de la hiel.

- Es por eso que le ofrecí el cargo de cuidar a los desheredados, que están aquí en este refugio. Es una misión noble que la ayudará a ahorrar aburrimiento y apresurar la llegada del ángel de los consolaciones.

- No puedo, ni siquiera sé cómo agradecerte por la generosidad; me faltan expresiones.

- Te dispenso del esfuerzo. Ve con Dios y vuelve pronto.

Y respetuosamente, el encantador pastor abrazó la cintura de Catalina en un amplexo paternal, repitiendo el gesto con Margarita, que tenía dos lágrimas en su rostro.

Llevándolas al umbral de la casa y diciendo adiós nuevamente, Gaspar regresó al interior y se encerró en su habitación privada, donde exclamó con los ojos contritos, levantados hacia lo Alto:

- ¡Señor! Si es una gracia más que me concedes, ¡sé mil veces bendecido!

El corazón emocionado le anunció el advenimiento de una modificación importante en su vida.

En dos días, llegaría el equipaje de Catalina al asilo y ella tomaba posesión de su cargo.

Las relaciones se volvieron más íntimas entre la cuidadora y el joven director, el cual no era indiferente a la simpatía de Catalina. Fue fácil que la afinidad se leyera entre sus corazones, de allí legitimándose un consorcio, tallado para unificar dos almas y liberarlas de viejos resentimientos, que tal allí las estuviese envenenando.

Pasaron seis meses después de la entrada de Catalina en el orfanato, que fue el siguiente diálogo, iniciado por Gaspar:

- Escúchame: no debo perturbar la paz, que parece reinar en tu corazón, con ganas de sondearla, en la vigilancia que una vez me pidió que tuviera para amenizarte la angustia de la vida...

- ¿Quién te engañó, informándote que tengo paz?

- Lo supuse; pero quizás ¿será posible que me engañaste? ¿Acaso sufres?

- Realmente no es sufrimiento. Cuando raya la esperanza, raya todos los días un fin brillo solar en el firmamento del alma.

- Entonces, ¿qué esperas? Perdóname si me pongo demasiado curioso.

- No te reprendo por eso, antes te agradecerte el pedido... Iba a decir algo más.

Y Catalina bajó la frente, avergonzada.

- De mi amistad, ¿no?

- Casi acertó - balbuceó ella sin levantar los ojos.

- De mi amor, confiesa - dijo con apariencia cariñosa.

La niña puso sus manos en su seno apretado para comprimir las palpitaciones con las que su corazón parecía querer saltar a ella:

- Dime. Está en tus manos nuestra felicidad.

- No la rechazo – dijo la huérfano resueltamente.

- Bueno, serás mi esposa; sabrás cómo dividir tu cuidado con el mío, nunca abandonando los propósitos de secundarme en las obras de beneficencia e inculcar en las almas indiferentes la idea de Dios y sus atributos.

- En nombre de Dios, te digo que nunca te perturbaré en tus elevados propósitos.

Se hizo el consorcio, y para él vino Margarita Portier y su esposo, que ya para entonces lo era, y fueron los testigos en la *Mairie*.

El enlace de esta segunda pareja fue el complemento de tiempo interrumpido en una vida anterior[2], en la que Henrique de Navarre en 1599 había repudiado a su esposa, con el rompimiento por divorcio con ella y luego casarse con María de Médicis.

Con esta nueva conexión, se cumplía la ley superior de la unión de las almas, según el precepto cristiano, ya que la solidaridad humana no se entiende con el colapso por el divorcio, que constituye un rompimiento de la energía de los seres, destinados, en su origen a perpetuar la armonía común por el afecto indisoluble.

La institución del matrimonio aun no se ha entendido de acuerdo con la fórmula contenida en el Código Divino,[3] que São Paulo, en su primera epístola de Corintios, Capítulo VII, proporciona nuevas aclaraciones.

El consorcio no es un pretexto *exclusivo* para la procreación de la especie, ya que aquellos que solo ven en él la cómoda ventaja de tener a su disposición una misma mujer, que sirva de pasto a sus instintos sensuales. Tampoco es *principalmente* para el embarazo,

---

[2] Es bueno aclararse para poder ser algunos, o todos los personajes de este trabajo, haber renacido al final del siglo XVIII al XVIII, aproximadamente 200 años, sin prejuicios que solo en el tiempo histórico rescataría las viejas fallas, esto es solo, de precedente, antecedente o existencia pasada – variantes éstas que no se deben confundir con la última existencia. La experiencia nos ha enseñado que muchas veces el Espíritu sólo viene a expiar grandes delitos en existencias posteriores a aquella en la que falló, con intercadencias, que parecen oasis de descanso, para que adquiera coraje para tremenda pelea más dura, así es la misericordia de Dios. Reforzado por el alivio obtenido, viene a rescatar una deuda adquirida en una época mucho anterior, y sin embargo, ¡cuántos se debilitan y se suicidan! (*) Además, esta novela confirma la idea de que todos los criminales de un tiempo se reúnen para asociarse en a liquidación de responsabilidades, que juntos contrajeron.

[3] Vea *El Cielo y El Infierno* de Allan Kardec, dictado de los espíritus Marcel, Antoine Belle, Príncipe de Ouran y Juliana María.

sino *simple y secundariamente* para esta función de fisiológica, especialmente conjugada y apuntando a la unión exclusiva del espíritu, que debe interpretarse el consorcio, la conexión del hombre con la mujer.

No existe en el libro de la sabiduría divina, el consorcio del cuerpo, sino el del alma, y mientras se rompa, el destino se sacrifica, el deber moral está tergiversado, la pureza del objetivo, que es colocar al hombre arriba las seducciones subalternas de la materia, a las que solamente el propio ser racional puede voltear sus instintos bestiales.

Si la función fisiológica de la procreación fue facilitada al hombre a través del matrimonio, no es que se lo considere un elemento pasivo de placer sensual, pero, por el contrario, la fusión de los seres sería prescindible si todos pudiéramos amarnos sin acercarse al cuerpo corporal como sucede en el mundo espiritual, y San Pablo lo dice sin tapujos: *"Bueno, sería un hombre no tocar a ninguna mujer. Pero para evitar el coito, cada uno tenga a su esposa, y cada una tenga a su propio marido. Mas si no tiene el don de continencia, cásense, porque es mejor casarse que apasionarse."*

Naturalmente, el estado de retraso salvaje en el que todavía vivimos para nos fuerza a dar la mano a los consejos salvadores del apóstol iluminado; pero ya es hora de entrar en vigilancia contra las sorpresas que nos esperan en el umbral de la otra vida, especialmente aquellos de nosotros a quienes de cerca se hacen oír las advertencias prudentes de los pioneros de la verdad eterna.

Para el honor y la gloria de nuestra dignidad, para nobilidad del papel que superiormente nos está destinado en el escenario de la vida, como los seres más completos de la creación, en inteligencia, en los predicados, en virtudes - estas virtudes que han de alcanzar los estándares de la perfección -, debemos reaccionar con repugnancia a las seducciones de los sentidos, o, por lo menos, repeler el estúpido argumento con el que se pretende justificar el derecho del divorcio, es decir, el paso de un pasto de gozo a otro que ofrece, o en el que se adivinan nueva e imprevistas delicias lúbricas.

Se ha consumido y desperdiciado una infinidad de argumentos hablados y escritos en todos los tiempos, sin nadie pueda discernir el objetivo sagrado de la unión social con respecto al matrimonio, y la razón se ve bien que no es con ninguno de los que lo defienden, por la inconsciencia con la que lo defienden, por la inconsciencia con que van al campo a *aclarar* un asunto, para el cual traen, sino la sombra de la oscuridad en que tantean los inicios de su infancia.

Era necesario que esos supieran que Dios antes que creara el cuerpo creara el alma, destinada a la inmortalidad. Destinándola a la inmortalidad, le exigía la fraternidad, y como la criatura no obedeciese los dictados del Creador, tuvo que ser lanzada al lodazal de la Tierra para padecer, y allí, en la mazmorra de la carne, a la fuerza de martirios y sufrimientos, capitular la maldad y ceñirse al seno de otras almas hermanas.

Este es el ritmo del consorcio, la armonía universal e inalterable.

Gaspar Ducos fue uno de los iluminados por la palabra evangélica desde su última existencia, en la que había muerto en la defensa de las teorías renovadoras. Su prédica, su consejo paterno burilaban el objetivo de la mejora social para la práctica de las virtudes anunciadas por el Divino Maestro. Aunque muy joven, fue escuchado con respeto y cumplimiento en los círculos donde fue llevado por el deseo de pontificar, ya en los alrededor de París, ya en las ciudades del interior.

Pobre, viviendo solo de un subsidio que percibía del monto reunido por sus correligionarios, agrupados en la contribución monetaria para mantener el apostolado de la prédica evangélica, dio un magnífico ejemplo de dedicación y desinterés consumiendo todo lo que percibía, llegando a veces a vencer dificultades para equilibrar sus gastos. Sin embargo, nunca flaqueó en la fe, robustecida a través de los tiempos.

Su vida en familia estaba siendo un sacrificio de esfuerzos para ejemplificar el amor en el hogar y la sociedad.

En un año, nació su primer heredero, al que le pusieron el nombre de Juan - reencarnación del Duque de Guise, quien lo asesinó en la matanza de los protestantes. Al año siguiente llegó a la luz de la existencia Alexandre - Alexandre de Farnese - Duque de Parma -, y dos años después vino una niña a alegrar el hogar: era Lucília, alma varonil – Retz Gondin -, uno de los verdugos en la trágica noche de San Bartolomé.

El nacimiento de su primer hijo fue en uno de sus viajes a Bordeus, en propaganda oratoria de sus principios religiosos.[4]

Asistido por su esposa, que se dedicó al bordado con una habilidad rara, gracias a la solicitud con la que Margarita había formado su educación artística, y de la que aprovechaba regularmente, pudo educar a sus hijos, dándoles una instrucción completa en Humanidades. Su hijo Juan asistía a la facultad de Derecho, donde se graduó y Alexandre, habiéndose matriculado en la escuela militar, fundada en ese momento por Luis XV, seguía la carrera militar, en la que pronto se distinguió, llegando al puesto de teniente de artillería, luego enlistándose al lado de Bonaparte en sus maniobras de Toulon.

De Henrique y Margarita nació en 1774 una hija, Matilde - renacimiento de la Condesa de Leicester -, quien se convirtió en el encanto de su hogar y la alegría de sus padres por su encanto natural y belleza, y que se desarrolló en un ambiente de perenne felicidad.

---

[4] Estamos comentando hechos de 1756 a 1763, en la época de Luis XV, el bien amado, exactamente en la período de la famosa Guerra de los Siete Años, en la que Francia perdió algunas de sus colonias, entre ellas Canada y las Islas Indias, y en el umbral de la toma de la Bastilla, a la que siguió el Pacto del hambre, el terror y poco después de la Revolución y la República.

Es desde esa época, del pacto del hambre, la famosa frase de Luis XV: *Cela durera bien autant que moi. Après moi, le deluge.* (Esto durará tanto como yo. Después de mí, el diluvio).

En vista de la inteligencia paterna, cuya afluencia obedeció a su educación, también pudo distinguirse en la cultura y el gusto por las bellas artes.

Las relaciones de esta familia con Gaspar permanecieron sin interrupción, habiendo sido Matilde llevada a la Pía Baptismal por Catalina, quien no nutría las ideas ortodoxas de su esposo, mientras tanto nunca lo contrariase. Éste, a su vez, tolerante al extremo, consintiera en transigir, aceptando la carga de bendecir a la hija de sus buenos amigos a través del rito católico.

Aunque tuvo que aguantar el egoísmo del marido, Margarita conseguía recursos frecuentes para ayudar a sus amigos en tiempos de mayor aflicción, y así es como intervino en la educación y la graduación de Juan Ducos hasta el final de su curso de Derecho.

Volvamos a retroceder cuatro años.

II

A mediados de 1768, Gaspar Ducos hizo un viaje de excursión publicitaria del protestantismo, siguiendo a la región de Aisne, deteniéndose en Soissons, Laon, Vervins y Guise, donde se detuvo un poco más, debido a la amigable bienvenida que le hizo el teniente - general prefecto de la ciudad, Jaques Desmoulins y su mujer Lucía - reencarnaciones de Jaques y Lucía, creadas respetuosamente por Carlos IX y Condesa de Leicester -, quien dispensó con el notable orador cristiano, la mayor atención, lo acogía en su casa y ofrecía todas las comodidades.

La pareja Desmoulins tuvo dos hijos, Camilo, de 8 años, y Carlos, de 2 - Duque d'Amale y Carlos IX, renacidos -, quienes denunciaban inmediatamente al más rápido examen una precocidad de inteligencia inusual, un espíritu de penetración y vivacidad fuera de lo que es normal. Del mismo consorcio nació una niña, llamada Geni - Miss Geni Douglas, ex esposa clandestina de Roberto Dudley.

De este encuentro cordial surgieron las relaciones de amistad más estrechas y sinceras, que no se interrumpieron por la ausencia a que el pastor había sido forzado, mientras se alejaba de esta localidad, pero allí, dejando el corazón a los amables entes, a quienes quedara debiendo las mayores obligaciones de gentileza.

Con el correr del tiempo y el crecimiento de los hijos varones de Jaques, que quería educarlos en la capital francesa, donde estaban establecidas las academias, fue necesario hacer la mudanza de los mismos a Paris, en lo que fueron asistidos por Gaspar, a quien ya consideraban como una persona de la familia y que los llevó con él.

Instalado en su hogar, estaba Camilo ya con edad para comenzar sus estudios preparatorios, pero las condiciones precarias de su padre no lo permitió en el momento frente a los costosos requisitos. Fue entonces cuando un pariente de Jaques, Daviefville des Essarts, a sus costas lo matriculó en el Colegio Luís, el Grande, donde el joven hizo brillantes estudios, distinguiéndose entre sus colegas por el brillo de la inteligencia y el fulgor de su oratoria.

Camilo tendría 18 años cuando Carlos fue admitido en la misma escuela a expensas de Margarita, con quien la familia de Jaques había establecido relaciones.

Esto fue en el cumpleaños de Gaspar. Éste se encontraba reunido con su gente y sus huérfanos en un modesto ágape fraternal; como el de los primitivos cristianos, cuando fue sorprendido por la llegada de la familia de Jaques, que había venido con su esposa a París a visitar a sus hijos. Momentos después, también estaba Henrique Portier con su descendencia, y en cuestión de horas todos fraternizaron en la misma comunión de simpatía.

Fue el desbordamiento de los sentimientos fraternos que se lanzaban expansivamente espontáneos de tantos corazones tocados por la palabra mágica de la convincente evangelizador; era el presagio de una modificación que se verificó en las disposiciones atávicas de algunos que aun así querían detenerse dentro de los prejuicios heredados; finalmente fue para abrirse ampliamente, el latido de pechos amigos, que se aprietan con la misma sincronía de vibración.

El propio Henrique Portier había sido dominado por el corazón de su esposa, quien ahora podía moverlo a la piedad, acudiendo a los llamamientos para el beneficio de aquellos que no tenían nada. Así es como Margarita podría financiar los gastos de Carlos en la escuela, como lo había hecho por Juan Duco.

Sin embargo, no se crea que la dicha es patrimonio de este grupo reunido patriarcalmente. Desafortunadamente, las espinas pronto vendrán a repuntar hasta en los tallos de las rosas embrionarias, que esperan la temeridad de ser cosechadas a medida que florecen, para vengarse de aquellos que cortan su hilo de la vida.

Dejemos a estos personajes sonriendo en la mesa de la felicidad. No perturbemos sus alegrías efímeras y viajemos a Normandía en busca de personas de nuestra estimación.

*** * * ***

Ahora estamos en Saint Saturnin-des-Lignerits – Orne -, en la casa de Gualtério d'Armont de Corday y Leticia Corday - una vez Conde y Condesa de Essex -, cuyos hijos, Pedro - reencarnación de Pedro Montpensier, uno de Los conjurados en la matanza de los Hugonotes -, Carlota - Duquesa de Nemours -, Roberto – Conde de Leicester -, y María forman una escalera de uno a doce años de edad.

Gualtério desciende de personas nobles, es sobrino del famoso escritor clásico de teatro Pierre Corneille, pero vive pobremente sin representación social, en la triste nostalgia de tiempo en el que nadaba en el río Pactolo, detrás del vellocino de oro.

Su existencia ha sido inalterablemente una repetida e infausta conquista a lo imposible, a lo impracticable. Esta incruenta campaña de las que, si a veces, expulsa sangre, es en las lágrimas, él va venciendo con denuedo, logrando atravesar doce años de trabajo, hasta que vio caer vencida por la muerte a su esposa. Fue el final de su prueba. Él fuera envenenado en una vida anterior antes de terminar el tiempo destinado a su conexión con Leticia, para el mismo que ahora nacía de su vientre, Roberto Dudley.

Gualtério, ahora viudo, se decidió ir a la capital para gobernar mejor su vida, habiendo a fines de 1780 internado a su hija Carlota Corday en el convento de Caen de *l'Abaye-aux Dames*, , dirigida por Mdme. Pontecoulant, tía de un girondino, donde la joven se entregó a los estudios profundos de filosofía y literatura.

En París consiguió el lugar de director de una biblioteca protestante, que le valió ordenada compensación.

En la vida libre y disipada de esta ciudad, Pedro y Roberto se lanzaron a la caza de los placeres de la juventud, siendo Roberto dominado por la voluntad del padre, que no consintió la libertad para actuar en las deliberaciones más pequeñas.

Y es que existía en Roberto lo quera que fuese de satánico en sus inclinaciones de niño que ofrecen sus 12 años de afecto a la impudencia, cinismo y desregulación. Era la adicción del pasado para liberar sus garras.

No hubo afinidad entre la personalidad de los dos hermanos, la antítesis de Castor y Pólux, y por lo tanto una diferencia de los objetivos que, aunque no dieron razones para el odio, evitaban que la vida fluyera como sereno proveniente del agua.

Aunque Pedro no había vendido a Roberto sus derechos de progenitura, como el bíblico Esaú había hecho a su hermano gemelo Jacob por un plato de lentejas, Roberto pensó que tenía derecho a imponer su voluntad a la del hermano.

Cruzamos un período de unos pocos años, durante los cuales dejamos crecer a los personajes de esta novela en edad y experiencia para seguirles los pasos en la trayectoria de la vida.

El 23 de mayo de 1788, la joven y hermosa hija de la pareja Portier tejía más un *bouquet* en su corona virginal, cumpliendo 14 años.

¿En qué arrobos de poesía se puede decantar una de las épocas tan doradas, tan brillantes, donde la mujer, como un botón de rosa ligeramente revelando el punto rojo escondido debajo de la membrana verde que sirve como una envoltura?

En esta fase de la vida, cuando, como dice inspirado poeta, hay un poco de niña, un poco de mujer, ella comienza a tener un poco de alegría, un poco de miedo, algo de sueños de esperanza, algo de pesadillas de amargura.

Para la mujer, incluso nacida en una casa donde existe la abundancia, generalmente su futuro es un punto de interrogación, que en el transcurso del tiempo a veces se vuelve un punto negro, mucho más oscuro de lo que el hombre figura el suyo, porque éste, en virtud de su amplia libertad y de vigor varonil, tiene al menos la facilidad de superar obstáculos que a la mujer se presentan insuperables, que le es en vano enfrentar.

Ella, es un barquito frágil, al azote de los vendavales, balanceándose sobre aguas revueltas. Bienaventurada será, si le llega el brazo salvador, que solo la providencia puede suscitar en el en el horrible momento de peligro. La aventurera; sin embargo, lo ignora; no sabe nunca si será amparada, o si la tormenta será más violenta para revolver el quebradizo navío y sumergirlo en el pavoroso fondo del océano.

Quizás la encantadora Matilde nunca se perdió en estas divagaciones, lo que sería fatalmente angustiar su espíritu. Menos mal.

Sus padres, hasta entonces viviendo en la más plácida armonía,: quisieran dar una mayor solemnidad de lo habitual al cumpleaños de la joven, y reunieran a los amigos en una fiesta íntima, una modesta velada en la que vemos a la familia de Gaspar y Jaques, quien ya se había establecido definitivamente en París, en la calle Saint-Honoré.

Esa noche era común la alegría que reinaba en la vivienda de Henrique Portier.

Su hija era el objetivo del afecto, que correspondía, ofreciendo las joyas de su delicada educación de cantante y admirable *virtuose*, tanto como pianista, que ejecutaba de memoria realizó algunos extractos de difícil manejo.

Sorprendamos algo de la conversación entre los invitados, ya que no podemos ser encantados con los ritornelos y suavidades de la música.

Todos los grupos ser formaron alrededor del salón principal, después de la cena, sentados en sillas y canapés para forrados de película carmesí, a la luz de candelabros dorados.

Carlos tiene a su lado la heroína de la noche, Camilo se sienta junto con Lucília y entablan entre sí diálogos, que deberíamos escuchar para saber lo que va en el interior de aquellas almas llenas de vida y abiertas a las primaveras aureoladas por las sorpresas inusuales con las que ellas se anuncian en el futuro de la juventud, en baños de luz y ondas de perfumes.

- ¿Crees que nunca había pasado por mis ojos una visión de felicidad como esa que en esta noche me deslumbró?

Carlos comenzó con una voz apasionada, dirigiéndose a Matilde.

- Como usted lo dice, no tengo derecho a disputarlo - Matilde estuvo de acuerdo delicadamente.

- Sin embargo, empiezo a tener miedos pungentes...

- ¿De qué?

- Que la ventura se me escape. He oído hablar de ella es voluble como las mariposas, que ahora se posan en la pulcra corola de una azucena y, tan pronto como el pulen se termina, ya se dejan caer las antenas en el regazo de una popoula – flor trae el germen del veneno.

- Ya sabía por tradición que usted era poeta, pero no conocía la perfección del arte.

- Todos los hombres son poetas a la edad de 20 años, en los que comienzan a probar la miel del himeto y a beber el agua de la castalia, así como las mujeres jóvenes de 14 años son arrebatadas y conducidas en alas de serafines a los países de los sueños dorados y de las harmonías celestes para la divinización de sus encantos.

- ¡Valientes! Está convocado para decir eso en voz alta. Recitará algunos versos suyos - exclamó a la interesante niña, aplaudiendo y poniéndose de pie en alboroto infantil.

Carlos Desmoulins tuvo que obedecer la intimación de la voz femenina. Se levantó y dijo algunos versos que le valieron una ovación en la sala. Eran trovas de amor, ya se deja ver, y quién le apretó la mano más a favor fue Matilde, cuyos ojos traviesos emitieron luces de colores.

Era el viejo amor que renaciera del pasado. Los versos recitados fueron estos:

AMANECER DE LA FE

Era pobre y solo en el camino de la existencia,
Caminando indeciso en medio de la oscuridad,
Sintiendo de la ventura la torturante ausencia
Y ahogando en secreto esta ansiedad.

Era mi patrimonio solo tristeza,
Mi pan de cada día el llanto silencioso;
Si alguna luz mi alma veía encendida
Era la de alguien que me lanzase una mirada piadosamente.

Caminé por todas partes y no vi la alegría,
Pasé por toda la gente y no vi ninguna sonrisa;
Si la noche para mí fue una campaña oscura,
Siempre el día tuvo una claridad imprecisa.

Y vivía y lloraba así en mi desierto,
Si es que esto es vivir y si así es la vida...
Oh, no, que hoy feliz el corazón aprieto
¡Y el alma la encuentro como Fénix renacido!

Y eso fue lo que después me floreció en la aurora
De una mirada angelical volteado dulcemente,
Posándose sobre mí, como reposa ahora
Que amo la vida febril y delirantemente.

Sí, después que la luz surgió a la luz de un amanecer
Dentro de la aureola de una sonrisa casto y tierno,
El alma se siente vibrante en sueños embalados,
El salmo de la esperanza, este cántico eterno.

Quiero rasgar el sello, abrirlo francamente
Las grandes expansiones violentas de la esperanza;
Quiero gritar en voz alta, alucinadamente
Que un rayo de ventura mi mirada alcanza.

Como que la Naturaleza entera se transforma
Frente a mi mirada atónita de asombro
En todo hay un nuevo aspecto, en todo otra norma
De vivir y sentir que me produce el encanto.

El cielo, una vez nublado, es un palio luminoso,
De las aves el trinar alacre me fascina,
El perfume sutil de las flores es una alegría,
La armonía de los sonidos me arrebata y domina..

Y en el éxtasis feliz de la mística miraje,
Como que del horizonte en límpido escenario,
Sobrevuela dentro de un halo la deslumbrante imagen
Que transformó en sol el horror de mi calvario

Y me postro arrodillado a repetir mi nombre
Besando la nívea mano que me levantó de la desgracia,
Y si un recelo todavía a veces me consume,
Es que ella huya y me haga más desgraciado

Plazca a los cielos que muy temprano descanse mi cabeza
En el seno donde abrigué mi corazón herido,
Y luego, cuando ese día después de todo amanezca,
Pueda bendecir el bien de haber nacido.

El auditorio no se quedara satisfecho con esta declamación y requirió otro producto de la capacidad de Carlos, que luego recitó estas cuadras más:

Celos

Esclavo de un egoísmo incontrolable
Estoy celoso de todo lo que te rodea,
Y vivo ardiendo en una fiebre inexorable

Temiendo esa ambición todavía me pierda.

Te quiero toda para mí solamente,
Solamente para mi tus sentidos;
Que las miradas que das a toda la gente
Que solo sean para mí.

Que tu sonrisa sea solamente mía,
Mis besos que cedes a los niños pequeños,
Mi alegría que en ti diviso,
Y que las penas también sean solo mías.

Que los lágrimas que lloras yo las absorba
Una por una en besos compasivos,
Y cuando cese tu dolor iracundo
Que tus deseos sean mis deseos.

Tus suspiros penetran mi pecho,
Tus gemidos se reflejan en mi alma,
Y cada sueño tuyo, cuando se deshace,
Vengamos ambos a encontrar la calma

Que sea mi mano la única que aprietes,
Sea mi busto, el único que abraces,
Y evita con las quejas que viertes,
Que los oídos extraños no escuchen.

Que la calidez de tu seno no acaricie,
Otro seno que el mío, de amor ungido;
Que tu afecto solo a mí me traiga,
La lujuria de ser tu favorito.

Que tu aliento santo, el suelo que pisas,
El lugar donde posas y donde andas,
Todo lo que es tuyo, todo lo que divinizas
Con tus encantos y con tus gracias;

Las flores que tú coges, los perfumes
Que a tu cuerpo embalsaman suavemente,

Las aves, mariposas, luciérnagas
Que revolotean alrededor de ti cariñosamente;

El canto matinal de las filomelas,
El animado gorgogear de los pajaritos,
La luz del Sol, el brillo de las estrellas,
El astro de la noche, el albor de la madrugada;

El azul del cielo, los colores, la armonía,
Todos los sonidos vibrantes de la belleza,
Gritos de angustia, bramidos de alegría
Y las expansiones de toda la naturaleza;

Todo lo que ves, lo que sientes que te golpea,
También quiero sentir, ser golpeado,
En el ansia voraz de la misteriosa esfinge
Que es mi corazón atontado.

Que nada más te rodee ni tu veas,
Que nada sientas, ni que reconozcas,
Y a todo ciega, sorda y muda seas,
Huyas de todo y a todos desprecies.

Porque incluso a veces al verte concentrada
Orando al cielo, del cual un fluido desciende
Sobre tu cabeza agachada,
Estoy celoso de Dios por tu oración.

Te quiero presa de este amor vehemente,
Sumisa a esta pasión desordenada,
Ajena al mundo, esquiva e indiferente
Al torbellino de la vida accidentada.

Que la tierra termine, el sol desaparece,
Cesa la vida para toda la eternidad,
Y solo tú, poniéndome tus manos sobre mi cabeza
Perpetues mi felicidad.

Entonces que en la distancia, en lo alto del horizonte,

Rodeado de luz, como una santa,
Vueles suspendida, mientras que en mi frente
Lances las bendiciones de tanta ventura.

Y yo solito, libre de estos celos
Viva a tus pies, exhausto de alegrías,
Y muera finalmente de amor que en ti resume,
Proclamándote la pura entre las más puras.

✲ ✲ ✲

En el lado opuesto, simultáneamente con el diálogo de Carlos y la homenajeada, fue escuchado en sutilmente esta plática entre Camilo y Lucília:

- Dice señorita que el sueño de la muerte puede ser más suave que el de la vida. ¿Quién le inculcó en el cerebro ideas tan siniestras?

- Nadie... El sueño es una muestra de muerte... soñar es comenzar a morir... divagaciones inocentes de mi fantasía.

- Que debe ahuyentar con energía. No se comprende que una joven en la flor de la primavera ya realice evocaciones funestas. Vivir es lo que debes pensar. El pensamiento es un pájaro que se lanza al vuelo sin saber dónde se va a posar, y cuándo no encuentra una rama de árbol, regresa a su primera pose.

- Yo hacía reflexiones, admitiendo que, si el sueño a veces nos trae pesadillas tormentosas, que nos molestan al despertar, tal vez la muerte sea más suave o más tranquila.

- No conviene la experiencia. No sabemos ciertamente si el sueño de la muerte será más angustioso. Contentémonos con aquello que conocemos.

- Ese es el remedio medicina; no obstante, solo conozcamos los caminos que van a los barrancos.

- Oh, doña Lucília, aleja ese pesimismo en tan tierna edad. Piensa en la felicidad, que es un arresto encantador.

- Si ella fuese posible, bueno sería poseerla.

- ¿Por qué no? Si te dijera... Si prometiese ir a buscarla al fondo del mar, a lo más alto del Everest, o en los abismos sin fin, una porción mínima de ventura... No, no puedo prometer aquello que no sé si le agradaría.

- ¿Qué?

- No debería prometer.

- Habla, te pido que aclares tu pensamiento.

- Pues bien; hay un hombre que un día vio la ventura aparecérsele en un sueño, que no era uno de los cuales se acaba de referir. Dentro de él flotaba una hermosa imagen de ángel, envuelta en flotantes nubes de oro...

- ¿Y después?

- Este hombre era yo y el ángel entre las pulverizaciones de áureas... ¿Adivina quién era?

- Si no me lo digo, no lo sé.

- Era alguien que pensó que era el sueño de la muerte más tranquilo que mi sueño dicho. ¿Preferirías ese o la muerte?

- Preferiría este.

Estaba hecha la declaración, y Lucília no la repudiara, porque tenía los ojos bañados por una iluminación extraña y su corazón palpitaba con impetuosidad, como si un ruiseñor le cantara en su seno.

No sorprende esta rápida atracción, si decimos que Lucília era una de esas criaturas insinuantes, que prenden a las personas en la dulzura de hablar, la suavidad y delicadeza de sus gestos, no teniendo en cuenta su belleza; aunque basada en trazos comunes, pero dándole a las facciones uniformidad y proporciones equitativas. Sin embargo, a través de esta apariencia, se escondía un carácter varonil e inquebrantable...

En cuanto a Camilo, era sin lugar a dudas uno de los hombres más bellos de su raza. A su opulenta cabellera rizada, le daba a su fisonomía, una imponencia y donaire a superarle el hermoso rostro ovalado, en la que sus grandes ojos vivos y brillantes eran como ventanas abiertas de un palacio en el que todos encontrarían refugio.

Carlos, de quien no hemos tenido la oportunidad de trazar su fisonomía, también se destacaba por la perfección relativa de los predicados físicos. Siendo menos hermoso que Camilo, era más espontáneo en la afabilidad y ternura, con la que generalmente se expandía, creando con eso una irradiación, en la que a todos envolvía, como en un halo purificador.

Matilde, ya lo dijimos, era el tipo de belleza, de gracia, y encanto. Siendo de estatura y cuerpo medianos, tenía el cabello castaño claro, casi color de jalde. Fascinaba cuando hablaba, enloquecía cuando sonreía. París, si la hubiese encontrado, la habría preferido a Helena en su secuestro a Menelao, y Troya estaría orgullosa de ser tomada y destruida bajo el Imperio de Ulises. Por lo tanto, dotada así soberanamente por la naturaleza, nadie se admiraría si la manchasen fuertes indicios de vanidad, u orgullo, que, ciertamente, si llegaran a enlodar su perfección, serían como execrables espinas en los rosales.

Sin embargo, aun allí había virtud. Ni vanidad, ni orgullo, con asombro afirmamos, sino con sincera satisfacción de nuestro análisis. La simplicidad le nacía espontánea, sin disimulo ni esfuerzo, como una prenda nativa que ella misma no se daba cuenta, de la que no era consciente, a lo que tal vez nadie le hubiese despertado la atención, que ella no reparó en los demás, o fingió no ver.

Este predicado era un nimbo para envolverla en el ara del altar, en el que debería ser idolatrada.

Las visitas de Camilo a Lucília se incrementaron con frecuencia hasta que al mes inmediato se acordó el vínculo matrimonial, con una grata satisfacción de los padres de la joven. chica. La unión de la pareja celebró poco después con simplicidad, quedando residiendo en una modesta residencia en la calle Saint-Honoré, en el mismo edificio donde vivía Jaques.

Carlos también renovaba sus visitas a la casa de Henrique Portier para alimentar la simpatía por la interesante jovencita.

Dos meses después de su fiesta de cumpleaños, se dio el caso para encontrarla una tarde en los Campos Elíseos para caminar con su cuñada Lucília, acompañadas por una aya.

El muchacho se acercó y extendió la mano para saludar a las dos damas.

Matilde se sonrojó ligeramente cuando él se llevó la mano a los labios para besarla. Durante algún tiempo se estaba presentando el secreto que parecía estar oculto en esos corazones.

Era la segunda vez que Carlos podía balbucear algunas palabras tiernas a la que le había despertado fuerte conmoción, y no quería perder la oportunidad de revelarle lo que andaba desde mucho tiempo en su cerebro, como una abeja dorada y lanzarle la miel de la ventura en la urna del corazón.

- No sé si vine a molestarla en el placer que disfrutaba antes de, tal vez, mi inoportuna llegada - murmuró como una sinfonía de apertura.

- Si dijera que sí, ¿no sería malo?

- Lo sería, pero si dijera que no, su voz tendría la dulzura de una sirena.

- ¿Qué haría si me callara?

- Me arrodillaría a sus pies, suplicando una palabra.

- Hay tantas palabras…

- Pero una es suficiente para el corazón… ¿Quieres que la diga?

- Dila.

- No es necesario. La estoy leyendo en sus ojos.

- Deletrea y enséñame. No sé leer.

- Solo son cuatro letras, pero con ellas han sido escritos miles de romances.

- Ya lo sé. Pero ¿por qué no describes algunos de tus versos? Has sido muy ingrato en no recordarme como tu musa. ¡He leído tus versos en el *Journal de la Época* y en la *Crónica de París*. Son tan líricos...

- Le aseguro que mañana mismo recibirá el cumplimiento de una obligación, que me impongo ahora, y de cuya falta ruego su perdón.

En ese momento, pasaba a corta distancia Roberto Corday, lo que dio una mirada significativa a Matilde.

- ¿Quién es ese chico? ¿Lo conocen? – Preguntó ella, desviando la cara.

- Un libertino, que naturalmente vive entre la escoria de la ciudad. Siempre lo he visto en malas compañías.

- ¿Qué querrá de mí? Lo he estado encontrando varias veces y me mira con insistencia.

- ¿Simpatizas con él?

- Si me volviera loca, tal vez podría soportarlo. También se enloquece de amor.

- Ya no hay lugar en mi corazón.

- ¿Seré yo el que está adentro?

- Pregúntamelo en verso, ya te lo dije.

Como se ve, idilio de aquellos que solo tienen 14 años. Matilde era una niña, pero valía poemas que pocos poetas serían dignos de declamar en exaltaciones de belleza y hermosura.

Poeta, escritor y periodista, fue Carlos, y era de los más eminentes que estaba en la prensa por esa época, colaborando en el gran trabajo de la reacción democrática, por la forma en que rápidamente escribió estas cuadras en un pedazo de papel que la joven leyó, jadeante de suave emoción y guardó en su seno – relicario virginal de suspiros y aspiraciones.

Esa, de mirada plateada y cabello dorado,
La flor más colorida de la actual primavera,
Tiene en la cáscara de la boca un brillante tesoro
De las blancas estrellas, cuál de la esfera azulada.

Hoy pasó por mí, se irradió en una sonrisa,
Me apartó del camino los ásperos obstáculos,
Y abrió de par en par la puerta al paraíso
Al mostrarme la palabra, amor, dentro de los ojos.

Carlos había levantado reconduciendo a Matilde para unirse a Lucília, pues ya se hacía tarde y era necesario que se separasen. Tomaron un carruaje y se dirigieron a su residencia, donde cada uno se apartó con las más santas demostraciones de júbilo:..

III

Con el ruidoso éxito que su folleto *revolucionario La Filosofía del Pueblo Francés*, con el que hizo su debut en la política, Camilo estaba en el pináculo de gloria, considerado como jefe de los periodistas y una de las figuras talladas para dirigir el movimiento reaccionario contra el desmando de la época de agitaciones por las pasaba su tierra natal.

Un pequeño tartamudeo le impidió obtener triunfos completos en oratoria. Sin embargo, tenía ideas generosas y talento del escritor, que luego pusieron al servicio de la Revolución, convirtiéndose en el compañero de Robespierre.

La publicación de dicho folleto aceleró la marcha de la Revolución, llamando a las armas a la multitud reunida en el Palacio Real, agitado a los demás con la renuncia de Necker[5], que el 11 de junio de 89. Camilo intentó dirigir los destinos de la patria, ya sea por la parte que estaba tomando en las deliberaciones del Club Jacobino[6], y sobre todo por los folletos, donde daba expansión a sus ideas generosas y republicanas: en el primer folleto, *Francia Libre*, publicado el 11 de junio, proclamaba el derecho de la nación a elegir su gobierno; en el segundo - Discurso de la Linterna a los Parisinos -, hacía un llamamiento a la moderación. *Las Revoluciones*

---

[5] Jacques Necker, banquero de gran reputación, de la confianza del pueblo y de Luis XVI, Ministro de Finanzas, que intentó inútilmente realizar reformas honestas y progresistas. Era el padre de la notable escritora Mme. Staël.

[6] Agremiación política, cuyas reuniones se hacían en el antiguo Convento de Santo Domingo, o Jacobinos, en la Rua Saint-Honoré.

de Francia fueron una publicación periódica, en la que combatía violentamente la causa de la contrarrevolución.

A pesar de su jacobinismo, no obtuvo tanto éxito como diputado como sus folletos. Sin embargo, continuó su campaña contra los Girondinos[7], a los cuales atacó en su Historia de los Brissotins[8].

En su casa había un hijo, a quien dieran el nombre de Horacio.

* * *

Ciudadela durante dos siglos, la Bastilla había sido una defensa construida contra los ingleses, convirtiéndose después en una prisión estatal, por influencia del cardenal Richelieu; que la convirtió exclusivamente en la prisión aristocrática de nobles y hombres de letras. La chusma social iba a la Bictêtre y los ladrones para el Châtelet.

Para el pueblo, la Bastilla era el símbolo del abuso del poder monárquico, y costaba 300,000 francos por año, y en la primera mitad del año 81 solo se había recogido allí un solo prisionero, por lo que el honor del ministro había querido extinguirla por economía, pero no encontró eco en su voluntad.

Ya no pudiendo contener su indignación contra la autocracia de los detentores y magnates del gobierno, aun más indignada por la renuncia de Necker, dada el 11 de junio del 89, una turba de millares de ciudadanos, liderados por Camilo Desmoulins, que llamara a las armas a esa multitud reunida en los Jardines del Palacio en la mañana del 14 de julio corrió hacia el

---

[7] Partido que formaba la izquierda, o la oposición y que así se denominó por se constituido en su mayoría de elementos electos en la Gironda. Eran los representantes de las ideas moderadas.

[8] Referencia a Brissot, uno de los jefes girondinos, nacido en Chartres y decapitado en el 93.

monumento de los Inválidos[9], en busca de armas. Sabiendo que en la Bastilla había un depósito más grande, la ola del populacho marchó hacia la famosa prisión y lo tomó por asalto sin encontrar una gran resistencia, allí exterminando a 95 inválidos y 30 suizos, y perdiendo en la refriega algunos populares.

De regreso a la audaz hazaña, los insurrectos entonaban, con el Capitán Rouget de Lisle a la cabeza de la turba, la Marsellesa en loco entusiasmo, que se inflamaba por todas las camadas de la plebe.

Fue el comienzo de una reacción que se anunció contra el desmando y atrofiamiento de la vida misérrima que sufría la gente, y de la cual Vítor Hugo nos presenta a una hermosa página en los *Miserables*. Fue la afirmación de derechos pisoteados por la realeza, debido a su ineptitud gubernamental, su cobardía para superar la depresión general, su disposición a mantener en su *status quo* una actitud de abandono y desinterés por la causa pública. Eran los preludios de un nuevo estado de vida política, en la que tendrían una posición prominente a los jefes de la situación: Robespierre, Danton y Marat - y de la cual habría de resultar la proclamación de la República, tres años después.

Este importante vino a colocar en evidencia al hijo de Jaques, a pesar de su jacobismo.

Sin embargo, después de los eventos de Campo de Marte, en la hubo sacrificio de vidas de los autores de la reacción monárquica, el ardiente demócrata se retiró de la política durante algún tiempo, ciertamente indignado con la arbitrariedad y la violencia cometidas, pero regresó a la prensa en abril del 92, con la publicación del periódico *Journal de los Patriotas*.

Fue el ardor de la libertad que inspiraba al honesto republicano.

---

[9] Suntuoso monumento, donde en 1840 fueran recogidos los despojos de Napoleón Bonaparte.

* * *

En 91, Pedro Corday fue elegido diputado al Congreso francés.

Manteniendo la amistad con Camilo Desmoulins, aunque afiliado al partido girondino, decidió hacerle una visita, habiendo invitado a su hermana María a asociarse al paseo. Habiendo Roberto demostrado deseos de ir se juntaron los hermanos y partieron para la calle Saint-Honoré.

En este momento Camilo estaba en el departamento de su padre.

Se estableció una intimidad perfecta entre todos, habiendo María dispensado especial simpatía especial a Geni. Esta, a su vez, no pudo ocultar la singular atracción que sentía por el joven Roberto, a quien a menudo veía en compañía de su hermano Camilo, y que lo invitó a sentarse a su lado.

Ella había sido su esposa clandestina en la vida pasada.

Cortés, malos sus defectos, el hijo de Gualtério trató para ser amable.

- Les estoy agradecido por desperdiciar su atención sobre aquellos que no tienen una buena moneda para retribuirlas - dijo el farsante a la chica.

- No importa. Estoy bastante compensada por el desinterés de mis gestos.

- Es una virtud apreciable, señorita. Le diré que esta renuncia es una cara de la belleza, más en loa mujer que en el hombre.

- ¿Ya sondeó la intimidad de alguna?

- ¡De cuántas, Dios mío! La mayoría nada que sea de interés.

- Pensé que la mayoría solo aspiraba... A lo único que la mujer puede codiciar seriamente.

Roberto notó a dónde Geni quería llegar y disimuló la contrariedad.

- El respeto me impide revelar la principal aspiración de las mujeres en general.

- De mujeres que se venden a sí mismas. Parece que es de esas a la que usted se refiere.

- En cuyo número no están los ángeles de la inocencia, aquellos que remontan los horizontes en los que usted se mantiene.

- Gracias. Soy yo por mi vez no tengo moneda para retribuirla.

- Saldemos las cuentas. Estamos pares.

En ese momento entraba Matilde acompañado de su madre, habiendo un movimiento de atenciones, durante el cual las personas presentes se cruzaron y, después de los saludos y presentaciones recíprocas, vinieron a ponerse en el salón, de forma que quedó Geni haciendo los honores a Margarita, porque Lucía se había retirado al interior, sentándose Matilde junto q María a quien besó cariñosamente, pasándole la mano sobre su cabeza y preguntándole:

- ¿Cómo te llamas, niña interesante?

- María.

Hermoso nombre.

- Es la madre de Jesús.

- Se dice que este nombre es solo una confirmación, - intervino el metiche de Roberto, que se había acercado -. Todas las mujeres son de nativamente Marías, tal vez porque están santificadas.

- No todas. Algunas son verdaderos demonios - respondió Matilde, quien ya sintió el virus de alguna serpiente que por allí rondaba, escondida en la metáfora de Roberto.

- Afortunadamente en esta sala no hay nada ningunas de esas. Aquí solo veo ángeles.

- Y respecto a los hombres, ¿no habrá algún demonio? - Preguntó la chica maliciosamente.

- Uno solo, que soy yo - respondió al interlocutor; sin vacilar

- ¡Santo Dios! No digas eso, Roberto - intervino la pequeña María.

- Solo la Voz de la inocencia protestó - murmuró aquel tímidamente después de un pequeño silencio. Doña Matilde responde tácitamente, como Cristo para Pilatos -. "Tú lo dijiste."

- Pues no fue usted quien se confesó demonio? No depende de mí desmentirlo.

En ese momento, María se levantó y fue hacia Geni, sentándose a su lado.

- De hecho, tengo un demonio aquí dentro del alma, una llama satánica que me quema, mas porque aun no pude suplicar de aquella que me abrasó la linfa con que consiga ablandar el fuego interior - dijo, sentándose a su lado.

- ¿En qué me puede interesar su tormento? – Ponderó la joven, ya muy nerviosa y aburrida con la brutalidad de la confesión prematura.

- En todo. Necesito aprovechar esta oportunidad, que me ofrece, para decirle sin más rodeos que la amo desde hace largo tiempo, desde que la vi varias veces, paseando por los Campos Elíseos. Sabía que era la hija de Henrique Portier, a quien tengo las mejores referencias y, en cuanto a mí, me presento como hermano de Pedro Corday, hijo de Gualtério Corday, sobrino de Corneille.

Matilde sintió que un escalofrío recorrerle toda la columna vertebral. Se encontraba congelada, temblaba, casi muda al terminar aquella sorpresa. Recordó que Carlos le había informado que Roberto era un sujeto de mala fama, frecuentador de ronda ínfima, y se sintió humillada con la idea de haberle despertado tan seriamente sentimientos de amor en tal individuo. Se suponía que al principio su enamoramiento debía ser solo una mera distracción, y nada más. Sin embargo, no había remedio que romper el silencio que se hizo, ya que el audaz galán esperaba su palabra.

- Lamento decirle que mi corazón ya no me pertenece. Mire ese gabinete, y verá sentado al lado de su hermano Pedro Corday también al hermano de mi elegido.

- ¿Significa que Carlos Desmoulins es su preferido?.

- Para la vida y para la muerte.

- Bueno; soy un réprobo, un maldito… paciencia.

Y él se levantó lívido, rugiendo interiormente.

No había pasado desapercibido para Pedro el coloquio de su hermano con la joven, y al regresar, ya en camino a la casa, tuvo una disputa con él, a quien interpeló preguntándole si esa era la razón por la que quería venir a la casa de Jaques, a lo que el otro respondió de manera irritadas, y finalmente dijo que no podía adivinar que Matilde estuviese allí.

Desde algún tiempo se estableciera tal o cual incompatibilidad entre estos dos hermanos, que, como ya se ha dicho, no se parecían a Eros y Anteros, debido a la conducta irregular de Roberto. Éste no escondiera su pasión por Matilde, habiéndola revelado a Pedro, y por lo tanto la atención de este durante el tiempo en que los dos interlocutores estaban hablando en la sala.

Llegando a casa, Pedro se apresuró a informar a su padre lo que sabía, dando esto a seria disputa de Gualtério con su hijo, a quien prohibió estrictamente cualquier conexión amorosa sin su consentimiento. El corazón del hijo quedaba esclavizado.

Ahora se invirtieron los papeles. Roberto, aquel joven de 19 años, tenía un corazón esposado, como una vez, en una vida anterior, había hecho a Matilde, su hija, y lo más interesante es que el castigo venía a través de ella.

Cuando los tres hermanos se retiraron, Geni, meticulosa observadora, como casi todas las mujeres, notó la desfiguración en la que Matilde había quedado, al verla en íntima conversación con Roberto. Quería sondearla y no le fue difícil, preguntándole a quemarropa:

- No encontraste a simpático a Roberto Corday.

- No me percaté de su persona – respondió la otra con displicencia.

- ¿A qué te refieres, cuando estabas en tan secreto convivio de palabras?

- Pues cree que no lo noté, ni presté atención a lo que me dijo.

- Muerde aquí, tontita. Juraría que estás enamorada de él y quieres mantener el secreto. ¿Por qué esto, si tarde o temprano, la gente llegará a saberlo?

- Ve como eres imprudente, tramando una calumnia en la que involucras a tu hermano. Bien sabes que amo a Carlos y que hasta ahora no me he arrepentido de haberle consagrado mis pensamientos.

- Eso ya lo sabía, pero quería provocarte para que lo dijeras...

- Pues me pronuncio, revelándote que le di la espalda a tu lindo Roberto. Por cierto, soy yo quien digo ahora que eres tú quien está enamorada de ese... Para eso...

- ¿Ese qué?

- Ese pedazo de materia animada.

- ¿Pedazo de materia? Entonces, ¿no es un hombre entero?

- Creo que te falta algo. Si no está en el cuerpo, está en el alma.

- ¿Qué sabes tú al respecto? Dime, Matilde – exclamó la afligida criatura, sosteniendo sus manos, casi deshaciéndose en llanto.

- Pregúntale a tu hermano, quién mejor te informará quién es Roberto Corday.

Y así dejó Matilde en suspenso a su amiga Geni, por no querer nada que decir sobre el tema del que no estaba absolutamente segura. Actuó con un criterio para no cometer una ligereza. Le era suficiente haber disipado las afirmaciones absurdas de un sujeto, quien, además de no merecer simpatía, se ofrecía con audacia, sin haberle sondeado el corazón, como era su deber.

Hay hombres así. Sienten llamaradas en los recovecos del alma y entienden que la mujer, que ellos dicen que han causado el incendio, han de buscar a la fuerza algunos cubos de agua para apagarles el fuego devorador, que les carboniza las vísceras y les deja el cerebro en cenizas.

Y ay de aquella que refuta sus llorosos gemidos. O se somete, o muere al final de un cuchillo ordinario, o un disparo vibrado por un revólver oxidado. Ha de amarlo, aunque no lo quiera, cueste lo que cueste, incluso si llueven rayos y el mundo se acaba.

Y cuando matan, dicen que lo hacen por amor, y los periódicos anuncian la tragedia en letras mayúsculas:

"CRIMEN PASIONAL - PASIÓN DESVIADA"

Matar por amor. ¡Oh, irreverencia! ¡Oh, Incongruencia! ¡Oh, paradoja!

Solo se podría matar por odio, eso sí.

¡Pobre amor! ¡Cómo te degradan aquellos que no te conocen! Antes de ser, hijo de la lujuriosa Venus y el ordinario y desvaído Cupidos, eras un símbolo, brillo de luz, perla engastada en una concha, gota de rocío sobre violeta crestada, la lágrima de la madre sobre la cara del hijo muerto, sollozo del viaje al partir el novio querido para la guerra, nostalgia de la infancia que se fue, esperanza en el futuro que se anuncia, confianza en la placidez del presente, fe en la existencia de un Dios perfecto, grande en su misericordia, inmenso en la justicia, infinito en la bondad. Porque fue Él solo quien creó el amor.

* * *

Esa noche, Geni la pasó en vigilia, bajo una terrible agitación de nervios, en un malestar de espíritu que la hizo sucumbir. El corazón virginal le enseñó a deletrear el libro inédito de las grandes aflicciones, que hasta esa fecha no había abierto. Pensamientos llegaban a su cerebro irresponsable, incapaz de asimilar una idea ponderable, contenerla, ajustarla a lo posible, lo razonable. No sabía cómo asegurarse de las vagas informaciones de Matilde sobre Roberto. Le faltaban coraje y confianza para desafiar a su hermano Carlos en este melindroso tema. Cualquier imprudencia podría ser una catástrofe que la aplastaría. Tampoco convenía que su hermano supiese de su estado de alma, y luego, ¿quién sabe si su silencio no la haría más infeliz, quién sabe si Roberto era realmente un hombre indigno de ella? Horrible situación la suya dentro de este dilema, del que no sabía cómo salir, que no tenía capacidad para resolver. Su cabeza era un caos, su corazón una herida abierta, su seno se arqueaba reprimiendo lágrimas, que todavía no creía que tuviera razones para verter, porque la desesperación no le rondaba por ahora las ilusiones surgidas en un amanecer de esperanza.

En general, se le había recordado que se había declarado enredado de amor por Matilde. ¿Continuaría queriéndola? ¿Habría renunciado a ella? Que prueba tan horrible la de los celos – ¡buitre devorando el hígado de todos los Prometeos amantes!

Cuando el destino nos abre la puerta a la caminada del camino por veredas interminables, continuamos tanteando en la incerteza del rumbo, siempre sospechando de acertar, jugando con el azar, entregando a la suerte el éxito bueno o mal del viaje. De nada sirve reflexionar. No vale la pena premeditar, visto como a veces el más calculado y medida se tiene la marcha es que, por ironía de la fatalidad, la caída en los remolinos se vuelve inevitable.

Geni se lanzó a la felicidad, quería jugar con lo imprevisto. Se vistió con prisa y le pidió permiso a Lúcia para ir a visitar a la pequeña María, con quien había simpatizado mucho, dijo.

La madre era una criatura muy buena en extremo, y no evitó los inocentes deseos de su hija.

- Ve, pero no te demores, hija. Bien sabes que mucho me aflijo cuando estás ausente durante mucho tiempo. Siempre estoy pensando en incidentes. Tonterías, lo sé, como si las desgracias solo estuvieran reservadas para mi querida hija.

- Sí, mamá; tan pronto como llegue papá, dale un beso por mí.

Y salió apresurada, hasta que entró en la Rua Rivoli, en la casa de Gualtério.

Quien vino a su encuentro fue precisamente la niña que, al verla, soltó un grito de satisfacción y se le lanzó al cuello en un abrazo espontáneo. Luego condujo la visita a su padre que se acercaba y le presentó a la joven.

- Ya la conocía, admirablemente muy animada.

- ¿Cómo así, si solo ahora es que me ve?

- La vi con los ojos del alma, que también son penetrantes. María ya me había hablado con su amiga Geni; solo se equivocó en los trazos del pincel. No es de extrañar, es un mala pintora de retratos.

- Talo dijo que era rubia, cuando soy morena, que era gorda, cuando soy delgada, que era bonita, cuando soy fea, detestablemente fea...

- Falso, muy falso. Precisamente dijo que era bonita sin más adjetivos, pero veo que eres hermosa como los ángeles de Rafael, quien, dicen, los pintó más hermosos.

- No me confunda, tengo pocas formas de defenderme de los halagos.

- En primer lugar, debo invitarla a cenar con nosotros.

- Llegaré á tarde a casa.

- No se aflija por eso, la que la llevaré a su domicilio.

Las horas fueron entretenidas en varios asuntos hasta que Gualtério dejó a la joven con María. Ésta la llevó a caminar por el jardín de las Tullerías, que bordeaba su departamento, y se sentaron allí en una banca.

- No puedes imaginar cómo que te quedé queriendo bien - dijo la niña.

- Yo también a ti.

- Mentira, está hablando así, así para que no me enoje.

- ¿Por qué mentiría? Si no te estimase, no vendría a verte.

- Eso es cierto. Ahora me tapaste la boca.

- ¿Te convenciste?

- Pero me gustaría saber incluso hasta dónde llega tu camaradería. Imaginemos una distancia, por ejemplo...

- De aquí, al fondo del bosque de Boloña.

- Eso no es nada. De aquí hasta... Marsella, desde Marsella a Havre, de allí a Burdeos, toda la Bretaña, Normandía, Vosges...

- ¿Has estudiado geografía?

- Empecé ahora, pero la encuentro tan confusa por el montón de nombres.

- Bueno, mi amistad, preguntaste, es mayor que toda la tierra.

- ¿En serio? Porque me gustaría que nunca nos separásemos.

- Eso realmente puede suceder.

- ¿Cómo?

- Estimándonos toda la vida.

- Mira, Geni, solo veo un medio.

- ¿Cuál es?

- ¿No te enojas si te digo algo?

- Eres tan inocente que no puedes decir cosas desagradables.

- Pues entonces allí va: me gustaría que te casaras con Roberto.

Geni sintió un sobresalto imprevisto y, tomando la cabeza de María, le imprimió un beso ardiente en la frente.

- Ya veo que no te molestaste conmigo.

- No, claro que no, pero no sé si le gusto a Roberto.

- Seguro le gustarás, qué remedio tiene. Roberto voy a ordenarle que te estime, ¿quieres hacerlo?

- Niño, bien se ve que tienes 11 años; todavía no sabes medir las cosas. Mira, mi ángel, la amistad de un hombre es diferente de la amistad de una mujer a otra. No pienses que se puede dar con Roberto lo mismo que sucedió entre nosotras, sobre la simpatía.

- ¿Por qué no estaban hablando como dos amigos?

- Solo eso.

- Pues si quieres, le preguntaré si realmente le gustas.

- Escucha, no vayas a hacer ninguna necedad.

Y se levantaron para regresar la casa, donde ya había llegado Roberto, quien también dio la bienvenida a la visitante.

La niña se adelantó a hablar.

- Escucha, Roberto.

En ese momento, Geni la sostuvo por el brazo como amonestándola para que no fuera indiscreta.

- ¿Escuche qué? - Preguntó el muchacho, mirando curiosamente a Geni, cuyo gesto había notado.

- Tenía una novedad que contarte, pero lo haré más tarde....

- Entonces será peor. Con la demora, la novedad podría envejecer, y luego será una vejez conocida por todos.

Geni se rio de la divertida respuesta.

Se sirvió la cena, siendo Pedro también, quien honró a la visitante dispensándole consideraciones especiales. Solo Roberto permaneció ceremonioso y poco locuaz con aquella que allí viniera exclusivamente para sondear el océano donde tenían que navegar sus destinos. Así el navegante, en la dirección del lodo, en noche tormentosa, teniendo temor de lanzar la embarcación a alta mar, se sirve de sus gafas y busca penetrar los secretos de la naturaleza, preguntándole a través de las observaciones telescópicas si habrá borrasca o calma.

Gualtério contemplaba extasiado la amable doncella y notó la delicadeza de los gestos y la distinción de las palabras.

La joven se había sentado a su derecha, con María a su lado. A la izquierda estaban Pedro y Roberto.

- Lejos estábamos de sospechar que fuésemos honrados en la cena con la presencia de tan amable comensal - dijo el jefe de la casa para romper el silencio.

- ¿A qué le debemos tan grande distinción, señorita? - Preguntó Pedro.

- A una oportunidad fortuita. Vivo tan sola en casa, porque mi padre se ausenta a menudo, mi hermano Carlos pasa sus días en sus campañas de periodismo político...

- Tienes mucha razón – concordó Gualtério.

- Por eso ella vino a verme - intervino a María, reclamando derechos.

- Es pues natural, que eres la única persona que puede atraer a una niña. Solo hay hombres aquí después de ti.

- Por eso le dije a Geni...

Y no pudo continuar porque ésta, debajo de la mesa, le había tocado la pierna cuando le advirtió que no fuese chismosa.

- ¿Qué dijiste? - Preguntó su padre.

- Dije... que ella debería volver a menudo.

- Hiciste bien. La señorita siempre tendrá la misma bienvenida benevolente.

- Gracias... tal vez moleste a sus hijos.

- Ni siquiera lo pienses, doña Geni - observó a Pedro.

- Roberto también estará satisfecho, ¿no es verdad? - Preguntó la niña traviesa.

- Ciertamente. Sería muy grosero si me enfadase con la presencia de una joven que está a la altura del mayor respeto.

- ¡Bravo! Así que me gusta - intervino la inquieta María.

- Tengo dos hijos solteros, por lo tanto, puedo ver más tarde sentadas en mi mesa dos nueras. Así que no estaré tan aislado en el hogar - dijo Gualtério.

- Tengo una muy buena idea... – se adelantó de nuevo la pequeña.

La tercera advertencia de Geni, apretando su rodilla, la hizo callarse la boca

- Dinos tu idea - exigió el padre.

- Alguna tontería - Roberto reflexionó.

- Entonces, ¿sería una tontería que te casaras con Geni?

La hija de Jaques se sonrojó hasta sentir el fuego quemándole las mejillas, y ni pudo ver a Roberto para ver el efecto de la una declaración que no tendría el coraje de hacer tan abruptamente, ni había ordenado. Reflexionó en la humillación en la quedaría, si Roberto sospechara que había sido ella la que encomendara a la hermana semejante trabajo. Ni siquiera le era lícito deshacer las palabras de la niña, porque el corazón las había recibido como un bálsamo. Le sería agradable escuchar la respuesta del muchacho, desearía encararlo para leer su fisonomía, adivinar sus sentimientos, penetrar su íntimo, pero el vejamen continuaba impidiéndolo. Todo esto cruzó sus pensamientos en una velocidad de relámpago, pero la claridad no se hacía, tal vez se haría sino para dejarla fulminada, como el rayo que sucede al relámpago...

- Oh, hija mía - observó Gualtério -, ¿cómo quieres disponer tú del corazón de tu amiga?

- Ella ya me lo dio, ¿no es cierto, Geni?

- Sí - respondió la joven como un alivio confiable.

- Bueno, entonces podría pasárselo a Roberto, ahora que está allí.

La situación no se modificara, más bien, por el contrario, había empeorado. Roberto tenía la palabra para decidir el pleito en tan arriesgada contienda, que una niña provocara con armas peligrosas y quizás mortales.

- La señorita es bastante inteligente para tener en cuenta las infantilidad de las palabras de mi inexperta hermana - intervino el interpelado -. Ella no solo vino a vejarla con un asunto incómodo en todos los aspectos, sino que me coloca en una posición embarazosa para deshacer puerilidades que tocan nuestros secretos más íntimos. No se arguyen motivos de amor, sino cuando ya hubo una inteligencia entre aquellos con quienes ese sentimiento fue apreciado.

- Tienes razón. Así es como te quiero - dijo el padre -, por eso mismo fue que te aconsejé ayer que me escucharas en estas resoluciones. Quiero que seas obediente, como todo hijo que respeta a su padre.

- Lo sé bien; mi padre decidió gobernarme el corazón. Es una violencia increíble.

- Para aquellos que no tienen criterio en gobernarse a sí mismos, es una providencia.

- Ruego que me evites la irritación de una discusión tan humillante ante la señorita Geni, a quien me gustaría escuchar lo que piensas sobre lo que escuchó de mí.

- Estoy de acuerdo con lo que usted tuvo el buen sentido exponer, y tomo cuenta de los buenos sentimientos de la travesura de su hermana. A veces, los niños son oráculos a los que no se les presta atención - dijo la joven como soltando un globo de ensayo.

- Sus palabras parecen ocultar una interpretación de los oráculos - señaló Roberto, sin comprender el sentido oculto de la interlocutora.

- No descifré nada. Mi visión del futuro sigue siendo un problema.

Terminara la cena. Todos levantaron, y poco después el sr. Gualtério condujera a la joven a su casa, donde fue recibida con manifestaciones de amabilidad cautivadora por Jaques y su esposa.

Hablaron hasta altas horas de la noche con la mejor cordialidad, como si fuesen amigos de largos años, y Jaques terminó por insistir en la continuidad de las visitas del recién llegado, en las cuales tendrían razones para disfrutar de la solidificación de una simpatía espontánea.

En el camino venía Corday considerando con en su cabeza:

- Me parece que la pequeña tenía razón; bien dijo Geni que los niños a veces son oráculos. ¿Pues no es que creo que esta chica es un excelente partido para Roberto?

Él pensaba en la felicidad; pero la felicidad es como el arco iris para aquellos que, habiendo nacido ciegos, nunca podrían verlo.

IV

La bienvenida de Carlos dentro de la familia Portier de los fue de los más sinceros, principalmente de parte de Margarita, una viva satisfacción de ver enlazados, en mutua inclinación, aquel muchacho y su hija, a quien consagraba el más puro amor materno, tanto más habiéndole proporcionado una educación escolar.

Las visita del joven se volvieron más frecuentes y eran acogidas con los cuidados dispensados a un hijo, que allí viniese a buscar el abrazo familiar en la calidez de la casa en común, pareciendo que la madre y la hija se disputaban la primacía en el afecto del joven poeta, quien terminó convirtiéndose en el prometido al cabo de casi cuatro años; es decir, a mediados del 92, quedando establecido el consorcio para finales de ese año.

Era una reminiscencia bastante intuitiva del pasado, cuando la dulce hermana de Carlos IX fue sacrificada para servir a sus tristes amores con la Condesa de Leicester, quien estimuló este deseo de ver a su hija unida al infeliz de eras pasadas, tal vez si la fatalidad, como una mujer mala sin entrañas, no viniese de nuevo a levantarse para impedir el enlace de esas almas gemelas.

Como regalo de compromiso, Carlos le ofreció a Matilde una medalla de oro, con el retrato de ella estampado en porcelana, trabajo artístico de gran mérito, debido a un experto en el género.

El novio llegaba invariablemente por la noche y era recibido en la entrada de la sala por la joven, que ya lo esperando con la impaciencia de los corazones juveniles.

Luego se daban los coloquios sobre los hechos que en esa época retenían la atención pública con respecto a los sucesos tumultuosos de la política.

- Debes tener mucho cuidado, mi Carlos, con la actitud que estás tomando los artículos que escribes en el *Journal de la Época* - dijo una vez la joven al novio.

- Bueno, ves que soy prudente en el lenguaje empleado, toda ella basada en sentimientos de orden. Con mis argumentos con los de Marat en el *Amigo del Pueblo*, en el que había liderado contra el rey, en el que predica la revolución en un lenguaje virulento, cuando no tiene tanto derecho como yo, que soy ciudadano francés.

- Es realmente admirable que un ciudadano de Suiza se convierta en el protector de la causa política de nuestro país.

- Y disfrute de tan grande prestigio.

- No pasará mucho tiempo antes que sea arrestado[10].

- Es lo que dice toda la gente.

- Los enemigos son tantos ahora que todo es de temer.

- Cuando tienes una conciencia tranquila más pequeños son los temores.

- No tanto. Mira, por ejemplo, lo que pasa con nosotros.

- ¿Qué nube oscura estás viendo, cariño?

- La sombra de ese hombre, que me vino a atormentar, como el tal Sr. Roberto Corday.

- ¿Qué te hizo?

- Nada menos que una declaración de amor, en la casa de Jaques Desmoulins.

- ¿Qué le respondiste?

---

[10] Por decreto del gobierno, Marat estuvo preso por algún tiempo, en virtud de los excesos del lenguaje en su periódico *El Amigo del Pueblo*, que después bautizó como *El Publicista Parisiense*.

- Que mi corazón ya estaba hipotecado.

- En este caso, diste por terminado el incidente.

- Pensé que sí, pero el inoportuno me escribió.

- ¿Me muestras la carta?

- Naturalmente, sí. Aquí la tienes. Léela – dijo la joven sacándola de un cajón de su secretaria.

La carta rezaba así:

"Gentil señorita Matilde:

Sigue siendo el demonio, que le dije estar violando los dominios de mi alma, que me inspira estas líneas.

La seria pasión, que sus raros encantos me despertaran, tiene los impulsos de energía con los que debería gobernar mis actos. Perdóneme este desvarío y acepte la causa de defenderme en esta lucha del corazón. No sé si le pida amor, si piedad, que se desborda con su delicado seno. Sé que incluso a los miserables ésta no le es negada...

Me dijo que amaba a otro; esta revelación, dolorosa para mí, me lastimó, pero infelizmente no me mató. Vivo para retorcerme en la desgracia, y cobro aliento para luchar contra el vértigo que me afectó.

Quiero tener la razón aclarada, quiero tener el corazón tranquilo.

No sé qué más pueda pedirle, sino que me responda si consiente que un desafortunado agonice en los espasmos de dolor infinito y sucumba sin un regente que lo haga volver a la vida.

Roberto Corday"

Terminada la lectura, que Matilde esperó ansiosamente, observando minuciosamente las contracciones que hacía Carlos y las impresiones que le iba dejando la carta, él pidió permiso para guardarla y responderle. Matilde se estremeció con la idea.

- Que guardes la carta, no te lo niego, porque todo te consiento, menos entrar en conflicto con este hombre, que dijiste ser de bajos sentimientos, tal vez capaz de armar el brazo contra su prójimo.

- Nada temas, querida; este hombre reveló una nueva cara de su miseria moral: es un imbécil, un idiota. Aquellos que escribe estas estupideces da una triste señal de su estado mental. Con esta carta lo internaba en un manicomio.

- ¿Me prometes no responderle?

- Está hecho, pero no me impedirás hacerla volver a sus manos, ¿no es verdad? - Preguntó Carlos, tomándola por la cintura.

- Si te conduces con prudencia, evitando mayores consecuencias, apruebo lo que hagas.

- Confiar en mi táctica hábil de acomodador de situaciones.

Despidiéndose de su elegida, el muchacho regresó a su casa.

Matilde fue a distraer el espíritu preocupado, entregándose a la lectura del romance *Corina* de Mme. Staël, que acababa de ser publicado.

***

Como quedó entendido, en la primera reunión de Geni con Gualtério, éste se había quedado muy impresionado con la chica, encontrándola excelente opción para esposa de Roberto, al que quería ver casado con la intención de ver si el hijo se regeneraba de su vida disoluta a la que se entregaba.

Pasados los días, fue Corday con su hija María a la casa de Jaques.

En esta segunda reunión, su impresión fue más pronunciada con las claras manifestaciones de la simplicidad y dulzura de Geni, en quien ser reflejaban las elevadas virtudes de sus progenitores.

- Como quedó preestablecido entre nosotros - y el prometido -, vengo a apretar en lazos más íntimos el cordón de oro de nuestra amistad, Sr. Jaques - dijo Gualtério -, sentándose en un diván.

- Y que Dios nunca permita que se aflojen – respondió el dueño de casa.

- Entonces así sea. Son tan raros los casos que nos depara la existencia de tener personas con sentimientos similares por la simpatía que no hay forma de sujetarlos antes que huyan.

- O que terminen mostrando las garras - observó Jaques riéndose -. No siempre es juicioso fiarnos de las apariencias.

- En tal caso, tiene muchas razón para invocar que se corte el nudo establecido.

- Mientras no se dejen vestigios de sangre.

- Ni atente contra la dignidad de los que nos son queridos, y ambos tenemos responsabilidades muy serias a este respecto.

- No me di cuenta.

- ¿No es responsabilidad tener hijos para conducir, para defender de desatinos, a vigilar para que no se dejen atrapar por la tentación descuidada de los placeres impuros?

- Esto es realmente así. Afortunadamente, me parece que la Providence me galardonó con tres, que hasta ahora han demostrado el criterio más acertado.

- También para mí, a excepción de Roberto, quien, debido a su corta edad y su nula experiencia, necesitaba un freno para dirigirse, y espero que, casándose – y seré yo quien le encuentre una novia digna –, eventualmente terminará tomando juicio.

Está contratado como agente comercial de una compañía y vive sin preocupaciones. Tengo una hija en Caen, Carlota Corday, que tuvo la manía de entregarse al estudio de la literatura y la filosofía, y allá se las va arreglando como puede, pero gracias a Dios, no da que hablar a las malas lenguas.

Geni escuchó esta conversación, quien prestó atención a las referencias sobre Roberto. Fue un información insospechada sobre su carácter, lo que le trajo un gran alivio. Era algo que codiciaba saber.

Ciertamente, faltando el amor del muchacho, todo faltaba, pero lo esencial era saber que tenía que conectar su destino. El resto vendría más tarde, si viniese. Le entregaría a Dios el porvenir.

- Y señorita Geni, ¿con qué sueña? – Preguntó abruptamente Corday, que tenía como objetivo dirigir el asunto por el camino en el que ella debía ser alcanzada. Todavía no había dicho una palabra -. La verdad es que monopolizamos el tiempo. Perdónenos.

- Aun no he tenido tiempo de soñar - dijo la joven, mintiendo a su conciencia.

- Pues ha estado retardada. En su florida edad, como una rosa que ya desabrochó y que ofrece su perfume a los muchachos de buen olfato, merece una reprimenda por guardarse egoístamente en su castillo virginal.

- Mi hija vive algo recluida, relegada de la sociedad donde se adquieren relaciones y se inflaman amoríos. Tampoco no me atormenta la urgencia para verla envuelta en las mallas de cierta inclinación menos digna de mi consentimiento.

- Hace muy bien. Todo llega a su tiempo, como la planta que nace y se desarrolla bajo la influencia de la naturaleza y, sobre todo, la acción providencial. Creo mucho en el destino, lo que se llama determinismo.

- Variante de la fatalidad – complemento Jaques.

- Pero menos fluctuante y orientada. Ahora, escuche: el determinismo es el efecto inflexible de la acción divina, que está incentivada o alterada en la práctica por el hombre, según sea la naturaleza con la que actúa sobre la faz de la tierra, la fatalidad es la consecuencia mutable e incierta del libre albedrío humano, a veces inconsciente y caprichoso en sus directrices, en sus decretos, en sus conclusiones. Aquella es más el trabajo de la Providencia, esta es más del hombre. Me explico: si brota en la tierra espontáneamente una rosera de rosas blancas, todas nacerán blancas; si un niño nace ciego, vivirá así, en caso no tenga cura; si un hombre muere bajo las ruedas de un automóvil, obedece la misma ley del determinismo, como en los casos anteriores. Pero si en el tallo de la rosera blanca se inserta otra de rosa roja, la planta producirá rosas rojas; si el niño nace vidente y le arrojan un ácido, se queda ciego; si el hombre imprudente, viendo un pesado camión acercándose, no se desvía de él, muere bajo sus ruedas. En los primeros casos existía la ley del determinismo para gobernarlos, en los segundos fue la fatalidad la que intervino.

- Completamente de acuerdo.

- En los eventos del determinismo está la colaboración *pasiva, constructora* del hombre, en los de la fatalidad actúa su colaboración activa, destructiva, he allí la diferencia entre la obra divina y humana. El determinismo es causa, la fatalidad el efecto.

- Muy bien argumentado.

- Por lo tanto, permíteme un ejemplo, y no se moleste: si mi hijo Ricardo amase a su hija y fuese amado, veríamos en esa aproximación recíproca y espontánea el efecto del determinismo. Si los casásemos a la fuerza, el enlace sería obra de la fatalidad.

Geni escuchó estas divagaciones filosóficas con entretenido interés y culminó con asombro la peroración. Ya no era la impresionante comparación que la impresionara, teniéndola como la hipérbole del ejemplo, sino verse involucrada su intervención en el hecho como causa de la fatalidad. Esta palabra le causara escalofríos de horror. Para ella esta palabra le recordaba más la desgracia que un hecho que debería suceder naturalmente. Un amor que no fuese natural en Ricardo, entonces sería para ella una fatalidad, que es como si le dijeran, una desgracia.

¿Sería que Roberto viniese a amarla? No lo sabía con certeza. Cuando le habló por primera vez, notó la indiferencia con la que aludía a las investigaciones sobre los sentimientos ocultos de las mujeres. También recordaba que había dicho que la mayoría de ellas no quería nada sin interés, enfatizando que solo aspiraban al dinero. Sin embargo, ni ella ni él eran ricos. Quizás esta situación fuese embarazosa para que se le abriesen las puertas de la felicidad. Por lo tanto, la pobreza era obra del determinismo, y verla allí filosofando y queriendo analizar este punto. No se contuvo y preguntó:

- Concluyo de su exposición, Sr. Gualtério, que la pobreza es el resultado del determinismo.

- Sin duda, pero no pienses que, debido a que nace una persona pobre, no adquirirá riqueza más tarde.

- En esta hipótesis, ¿colabora la ley de la fatalidad? - Intervino Jaques.

- Sí, pero sometida al determinismo. Si la ley divina, a la que obedece, no consiente en el advenimiento de la riqueza para alguien, no hay fuerzas humanas que deroguen esa ley. Todo esfuerzo dará como resultado el fracaso, pero si, por una evolución natural del destino, la riqueza debe llegar algún día a manos del hombre, su esfuerzo será coronado por el éxito, y luego la desgracia de la fatalidad soportará las penas del pavoneo, como en la fábula de nuestro gran pensador La Fontaine. Es así que vemos muchas riquezas destruidas, cuando al revés muchos pobres al final de la vida, terminan millonarios. El determinismo dirigió, la fatalidad ejecutó.

- Le admiro la erudición y la facilidad con las que expone cuestiones que trascienden la vulgaridad.

- En los albores de mi juventud me dediqué a las lecturas, que me aligeraban las horas de ocio, intercalándolas con el estudio de la Biblia, de la que soy devoto incondicional, y actualmente aun me deleito con algunas obras de sana lectura en la biblioteca de la cual soy director en el centro de los protestantes. Nunca me arrepentiré del tiempo que consagré a la iluminación de la inteligencia, que creo que es el más rico predicado humano. El hombre que se ilustra tiene más fácil el éxito en sus deliberaciones; obra con más seguridad, para la propia virtud moral, él no la puede cultivar sin la ayuda cultural de la mentalidad.

- Así es de hecho, y me felicito por la satisfacción de haber pasado tan agradables momentos con usted amigo, con la esperanza que queden contratadas una serie de conferencias en el futuro. Mis noches y mis días suelen ser áridos y oscuros.

- Ya su hija me lo había dicho hace unos días, cuando nos fue a visitar, por cierto, mi hija María, en un refinamiento de delicadeza, mezclada con la gracia infantil, ofreció el corazón de doña Geni a Roberto.

Los dos hombres se rieron mucho de la invocación del incidente y llamaron a la sala a la pequeña, que en ese instante paseaba con Geni dentro de la casa.

- ¿Qué historia es esta? ¿Cuántos corazones tienes, mi flor? - Le preguntó Jaques a la niña.

- Creo que uno solo, como todos los demás.

- ¿Fue entonces el tuyo que ofreció al Sr. Roberto el otro día?

- No, señor, fue el de Geni, que me lo dio.

- En este caso eres mal agradecida; despreciabas un regalo que te habían hecho.

- Es que yo quería que ella fuese mi cuñada.

- Ah, tontita, que te entrometes en cosas demasiado serias para tu alcance...

- Entonces, lo siento mucho.

Y corrió, arrastrando a su compañera con ella.

- ¿Cuál será la más traviesa de las dos? - Consideró Gualtério.

- La tuya, por la gracia infantil. Mira que a veces los niños tienen cosas que dan qué pensar.

- Son, como nosotros locos, en los momentos de clarividencia.

Después de una pausa, Gualtério, encendiendo un cigarro entró en el motivo que allí lo había conducido.

- No sé si abordaré el tema que te desagrada. Si tuviera una hija de su edad, estaría pensando en encontrar la manera de dirigir los revoloteos de su corazón, porque, como dije recientemente, tuve que apremiar el de mi hijo Roberto, antes que andase disipando suspiros por los balcones del amor dudoso.

- No deja de tener razón. Me ha faltado el deseo de encontrar quien pueda hacer la felicidad de mi hija o, más razonablemente, quién se presentase para disputarla. No debo gobernarla en este sentido, porque ella tiene suficiente sentido común, y ahora debo revivir sus teorías sobre el determinismo. Geni que escoja. Lo que más puedo hacer es indicarle a alguien, pero ¿quién será?

- Si me honras con la consulta, responderé.

- Puedes responder.

- Mi hijo Roberto.

- Lo vi un poco en esta sala hace unos días, pero sospecho que no estaba interesado en mi hija.

- Quedará a nuestro cuidado verificar sus corazones, ¿estás de acuerdo?

- Con placer, obedeceremos la ley del determinismo y dejemos obrar a la providencia.

Terminara la conversación con el regreso de Gualtério a su casa, después de haber iniciado los propósito que lo motivaron a esa visita.

Geni, escondida en una habitación al lado, había escuchado todo. El corazón había vuelto a palpitar ardientemente, pobrecita que no tenía descanso y era ajena a los sucesos por venir. No le daban tiempo para descansar, al menos mientras no se resolviese lo más importante, que era saber si Roberto daría su beneplácito a las conspiraciones que se tramaban contrarias a su voluntad. La verdad es que su padre ya le había impuesto la mordaza, pero el animal podía enojarse y arrojarse contra aquellos que se oponían a los deseos del alma indisciplinada. Geni no confiaba en la acción de Gualtério, el poder paternal para enviar, a un hijo para que amase a esta o aquella criatura, que fuese solo de su agrado. Su criterio le indicaba que su felicidad dependía exclusivamente de Roberto, siendo una parte secundaria el padre del muchacho. Era necesario escucharlo primero, pero ¿cómo y cuándo? Estaba ansiosa, ahora estimulada mucho más por la trama que habían bosquejado los dos viejos. Ella se comparaba con un fuego donde ardiese mucha leña, y cuando las llamas se levantaron hacia lo alto, le lanzaban un barril de pólvora. Se sentaba, para luego levantarse agitada, se paseaba, caminó, y rápidamente se agotaba para obligarla a descansar. Pero, le era posible descansar. ¿Quién ya vio calma en quien así está en este dilema? Amar y no saber si es amada, pasar un día, una hora solamente, un momento en esta duda, cuando el corazón ruge como una leona enjaulada de amor a la espera del rey de los animales. Solo quien nunca amó ignora la angustia de este innominable martirio.

Vino la noche, el tiempo más difícil de vencer en distancia, porque las horas muertas de sueño que el pensamiento se entrega al libérrimo y desatado a sus vuelos desatinados por esferas inhóspitas, desconocidas, a buscar dónde posarse en el cual sorber en urnas de luz el néctar de la esperanza, que se esquiva en aparecer a los que la llaman en un apelo desesperado, como una madre en angustiosa agonía llama por la vida en pro del hijo, que se debate en las puertas de la muerte.

En la madrugada del día, cuando entraban en la habitación de Geni, los primeros rayos del Sol, ella se encontraba apoyada en la cama todavía con los ojos tratados por la vigilia. Se levantó tranquilamente y buscó el refugio del pecho de su madre. a quien narró sus mortificaciones, juzgando con este arrebato sofocar sus tribulaciones. Lucía ya estaba al tanto de los proyectos establecidos y le aconsejó calma y esperanza. La regañó suavemente por haberse entregado así pasivamente a un afecto, que no sabía si sería correspondida. Era un caso vulgar, no importa, pero pasible de ser censurado.

Como si todas las desgracias reunidas no fueran suficientes, aquellos que criamos y los que nos ven del círculo objetivo de la vida, los que proliferan en las pasiones y los que naturaleza enraíza y la hace medrar en el organismo, vertiendo, como un gusano en un tronco duro, a veces hay algunas pruebas más para los más experimentados una hora a la que podemos llamar la de la visita satánica, en la que una mirada, una sonrisa de alguien desconocido viene a infiltrarse en el alma distraída y allí dejar impregnada el virus letal, como el de la víbora en el pecho del cazador descuidado, que se quedó dormido exhausto en el seno del bosque.

Este daño duele más que las enfermedades agudas y requiere atención curativa, que a veces fallecen, dando a los enfermos para repetir estos versos del vate brasileño:[11]

> Amar y ser amado, qué felicidad.
> No amar, siendo amado, es un triste horror,
> Pero en la vida hay una noche más oscura;
> Es amar a alguien que no nos tenga amor.

---

[11] Gonçalvez Crespo

V

Los instintos de Roberto nunca le permitieron ponderaciones racionales, y la prueba la tenemos en la carta que le dirigió a Matilde.

Uno diría que un espíritu endurecido en la irreflexión desde el tiempo en que hacía conexiones clandestinas y jugaba con el honor ajeno, como si fuera un trapo inútil.

Cuando su padre le habló sobre el tema tratado con Jaques, tenía una sonrisa burlona y un gesto irreverente, como provocando un conflicto.

El padre no se abatió y levantó la voz con energía, diciéndole:

- Puedo leer tu pensamiento. No me engañas, no. No haz de perturbar la paz en la familia de Jaques Desmoulins.

- No sé dónde está tu coherencia. Me propones unirme a la familia Desmoulins y pretendes atravesar su camino como si fuese un villano.

- Te haces el desentendido. Sabes que Carlos es el novio de la señorita Matilde, y tienes la intención de cruzarte en su camino como si fueras un villano.

- ¿Qué quieres padre mío? Amo a esta criatura como un alucinado.

- Pero yo no consentiría en esa unión, incluso si esta chica no estuviese enredada en las redes de otros amores.

- ¿No la juzgas digna de mí?

- Me disculpo de las investigaciones. Dices que la encontraste en la calle, y eso es lo que bastó para que te perdieras de amor. No dudo que sea una persona de merecimientos, sin lo cual no sería recibido dentro de la familia Desmoulins; sin embargo, todavía es la novia de otro, que se impone en mi consideración.

- ¿Qué es lo que quieres determinar?

- Ir al encuentro de esta distinta joven, que es la señorita Geni, y estudiarla; busca descubrir las perlas que están insertas en esa alma delicada.

- Entregaré mi cuello a la cuchilla, no hay duda.

- Nada de escenas dramáticas, hijo mío; ya es tiempo que te dejes de hipocresías ridículas. Hazte un hombre digno.

Sabiendo que Geni era amiga cercana de Matilde, Roberto, cuidando de sacar provecho de esta esta circunstancia, buscó la casa de Jaques unos días después, con la intención de hablar con la novia ofrecida por el padre.

Recibiéndolo con distinción, Jaques se entretuvo con él en una conferencia amistosa, teniendo la delicadeza de no sondearle las intenciones de la visita, pero sospechando que su llegada había certificado que su hija realmente le había inspirado interés. Encontró como buena política que el muchacho se pronunciase, pero a través de su hija, porque ignoraba lo que pudiese haber resuelto su corazón. Las intenciones no debían ser forzadas. Era de vital diplomacia dejar en libertad de acción a aquellos que debían representar el papel principal en esa interacción pasional. Fingió tener algo que hacer, una correspondencia para terminar y se sentó en el extremo de la sala al lado de una secretaria, donde comenzó a escribir, confiando a su hija al encargo de entretener al amigo hasta que terminase su trabajo.

Desde que el muchacho llegase, Geni había pasado por agitaciones violentas, creyendo piadosamente que esta visita fue la confirmación de sentimientos nobles, la evidencia que su amiguita María tal vez podría haber influido el día en que cenaron juntos.

- Sé que estoy siendo objeto de cuidado más allá de lo que merezco - dijo el muchacho a media voz, tomando un lienzo del bolso y limpiando su frente húmeda por el sudor.

- Ya es una felicidad saber que hay quienes nos cuiden.

- Son favores de la diosa fortuna, con quien además no ando en buenas relaciones.

- De mí, creo que nadie se acuerda.

- Me obliga a repeler el mal concepto que tienes.

- ¿Conoces a alguien que pueda estar interesarse por mí?

Fue un tiro directo que vino a incomodar a Roberto.

- Sus padres, los míos, la quieren muy bien, y, dentro de esta misma línea, yo mismo - respondió, por no poder escaparse de una delicadeza exigido en el momento.

- Sin embargo, me siento como una mujer viviendo en un mundo aparte.

- Haga esfuerzos para conformarse con la porción de su felicidad, señorita.

- Si tuviera alguna parte en ese patrimonio...

- ¿Cómo no? Basta saber que tiene encantadoras amigas, ricas de encantos, que le pueden transmitir las irradiaciones de su felicidad, como la Srta. Matilde, por ejemplo.

Era una perversidad esa referencia; ya era una espina que el malvado le clavaba, reviviendo la sospecha que Matilde le preocupaba. Oh, la sombra de la desconfianza, la imaginación – agudo estilete -, ¡de que hay alguien más amado que nosotros, como sangra!

Esa alusión a Matilde, aunque vaga, le quebrantara el ánimo. Vino a lanzar por tierra todo su castillo, deshecho el espejismo de los sueños, en un brutal soplo de la fatalidad. Sí, de la fatalidad, se recordaba bien que este trabajo era una obra falible del ser humano, era una obra suya la que buscaba forzar.

Al verla triste y reflexiva, Roberto la invitó a hablar.

- ¿En qué piensas? ¿Te molestaste?

- No, solo pensé que usted, mientras hablaba conmigo, tenía su concentración aquí, pero veo que estaba distraído en pensamientos con alguien, que vive tranquila en su casa, mientras yo...

Y no pudo continuar. Las lágrimas estallaron en torrentes en sus ojos, mientras llevaba el lienzo a su rostro para enjugarlas.

Roberto se avergonzó de sí mismo y, tomando la mano de la joven, le dijo:

- Perdóname la imprudencia. Mi vaga referencia a esa amiga suya, simplemente llegó a la conversación por saber que son confidentes de sus secretos mutuos. Además, ¿no es cierto que ella se va a casar con su hermano?

- Sí, es verdad.

Y cambiando el tono:

- Sé que usted la ama o la amó. ¿Es verdad?

- Confieso que sí, y no se admire un evento tan natural.

- Sé más que ella lo decepcionó de sus intenciones; ¿es también correcto?

- También. Vea cuanto le estoy siendo sincero. He confirmado lo que acabo de decir sobre la confidencia de secretos entre usted y doña Matilde.

Geni vaciló durante mucho tiempo, hasta que decidió romper el silencio que se hacía, para sondear el horizonte y, como si liberara una paloma con una rama de olivo con la intención de verificar si hacía buen tiempo, preguntó indiscretamente:

- ¿Nunca más pensarás en ella?

- Antes de responderle, dígame cuál es el interés que tiene en mis resoluciones.

¿Sería posible que Roberto no la entendiese hasta entonces? Era descender de su dignidad y malbaratar sus escrúpulos, confesarle más francamente sus sentimientos, por lo que buscó una evasiva con esta satisfacción:

- Decirle a mi amiga y confidente que de ahora en adelante puede estar tranquila.

Ahora era el joven que había quedado entre Cila y Carides. ¿Cómo salirse de la mermelada?

- Mis sospechas eran bien fundadas que la señorita me dispensa una confianza, lo que toca las rayas de la amistad, pero confieso que no estaba preparado para esta confidencia. Es cierto que mi padre me hizo ausencias suyas, que superan los límites de la excelsitud, pero debo poner a sus pies solo las flores de la simpatía y rogarle que espere las gracias del cielo, si de allí pueden venir a mí estas bendiciones animadoras.

Iba a terminar el diálogo, cuando Carlos entró en la sala y vio a su hermana sentada junto a Roberto. Fue Jaques quien se apresuró a presentar a Roberto al hijo. Éste apretó ligeramente la mano del otro y le preguntó si ya lo conocía antes de ese momento.

- Creo que sí, que ya nos hemos visto – respondió el interpelado.

- En los Campos Elíseos, junto a una joven, que pasará a llamarse Matilde Desmoulins y que me ha encargado de devolverle esta carta.

Y le entregó el papel que ya conocemos.

Roberto palideció y perdió el habla, y cuando iba a guardar la carta, Carlos lo detuvo diciéndole que requería un recibo para, a su vez, regresar a la destinataria tal documento.

La carta había caído al piso. Carlos la atrapó y la transmitió al padre, diciéndole:

- Lee, padre mío, las idioteces que este hombre escribió a mi novia, que puedas saber a quién admitió a confabular con su hija en ese canapé.

Se nos antoja difícil describir la escena que siguió, pero vamos a intentarlo. Jaques lee la carta y se transfigura; Carlos muerde los labios mirando a Geni, quien baja la cabeza y pone sus manos en los ojos como para esconder la íntima agonía. Roberto también curva la cerviz y permanece lívido, como un condenado a la espera del veredicto de la justicia.

Terminada la lectura, Carlos retiene a Roberto, va a la secretaria y escribe estas líneas:

"Declaro haber recibido en restitución, en los que dejé los trazos de mi infamia a una joven respetable, heredera de un nombre honorable, que se jacta de llamarse Matilde Portier."

- Quiera por favor poner fecha y firmar, ordenó al hijo de Jaques.

El interpelado leyó y protestó contra la palabra *infamia* allí escrita. No firmaría el documento.

- En este caso, guardo la carta. Ella será publicada en el *Journal de la Época*, sin el nombre de la destinataria, pero con el suyo, para el vilipendiar a su descendencia.

- Haz lo que entiendas. Pido permiso para retirarme.

Y salió haciendo una curvatura para las personas presentes, que estaban petrificadas.

Cuando el cuerpo de un cadáver acaba de salir llevado para el eterno reposo en la tierra fría, el hogar, aun enlutado, permanece en el silencio y la tristeza de los grandes irremediables dolores. Hay lágrimas, que no podrían ser represadas, y sollozos junto a las salas mortuorias, ahora vacías. Bueno, esta fue la casa de Jaques al final de esta inesperada ocurrencia.

La decepción de este honorable hombre solo podría compararse con el inmenso dolor de Geni. Estrictamente hablando, para Jaques no tuviera propiamente una traición del muchacho, visto ya que no se había pronunciado a favor de las afirmaciones de su padre. Sin embargo, se deshacía en un alojamiento convenible cuando más no fuese, para atender a los anhelos de la hija, que ya amaba a Roberto, aunque su padre no lo supiese.

Quien sufrió más ahora era precisamente ella, porque estaba segura que Matilde dominaba el corazón del muchacho, que le mintiera hacía poco, afirmando su simpatía por ella.

Había leído la carta, que Carlos le había mostrado, con la intención de liberarla de un hombre cuyo carácter allí se definía con exuberancia.

Jaques le rogó reflexionar a su hijo, que no hiciera ningún escandalo con la inserción de la carta, con la intención de ahorrarle al viejo Gualtério una vergüenza sin provecho para el vengador. Obediente al padre, el muchacho acordó salvar de la humillación que no había contribuido para merecerla.

Roberto desde luego rumiara su venganza. Para ella; sin embargo, él carecía del concurso Geni, la confidente de Matilde.

Con este propósito, escribió una carta a la hija de Jaques, en los siguientes términos:

"*Señorita:*

Después de la triste escena de ayer, no sé si me merezco indulgencia. Precisamente cuando me enredan la armonía de sus palabras y la dulzura de sus ojos, termino víctima de la fatalidad, le juro con el corazón en las manos. Si quisiera escuchar la exposición de la verdad, le ruego el sacrificio de venir a mi encuentro mañana, a las tres horas de la tarde, frente a la puerta central del Palacio del Louvre.

Créame, su sirviente

Roberto."

Al buscar a su hermana, le dijo que quería darle un mensaje a Geni, pero que no podía ir ese día a su encuentro, porque ya había estado con ella el día anterior, y así recomendaba a María, la entrega de la carta, observándole que no lo hiciese sino en particular y que nadie la viese.

Y para un mejor éxito de la empresa, él acompañó a la niña hasta cerca de la casa, donde la dejó, esperando con ansias su regreso.

María, quien hacía votos por la alianza del hermano con su amiga, facilitó la trama, entró en la habitación de Jaques y fue recibida por Geni, quien la abrazó, comprimiéndola durante mucho tiempo contra su seno.

Era un pedazo de las ilusiones que ella vio en la persona de esa niña, que tan inocentemente le auguraba una fortuna, que se le escapaba. Y las lágrimas le corrían espontáneas, abundantes, humedeciéndole las mejillas pálidas de la vigilia y de la debilidad orgánica.

- ¿Por qué estás llorando, Geni? Te traje una carta de Roberto para ti.

Y le entregó el papel, que la joven le arrebató rápidamente y leyó con avidez.

Después de leer, respondió:

- Dile a Roberto sí. Mañana haré lo que me pide – dijo - respirando a grandes bocanadas el oxígeno de la esperanza.

Y la pequeña salió sin saber de qué se trataba.

La hora indicada del día siguiente se encontraban los dos personajes y se dirigieron al Jardín de las Tullerías, donde se sentaron en uno de los bancos, en una plaza cerrado por árboles, luego allí comenzando esta plática:

- Debe haber sufrido mucho desde ayer, querida Geni, pero creo que me rehabilitaré en su concepto y le traeré la tranquilidad - comenzó el degenerado.

- Puede imaginar en los vestigios de las lágrimas que aun calcinan mi semblante.
Se levantó un muro entre nosotros, pero espero destruirlo.

- Ya no lo creo. La pared era Matilde, como supuse con razón.

- Se equivoca. De hecho, amaba a Matilde y se lo confesé lealmente, ¿recuerda?

- Sí, pero no me respondió cuando le pregunté si todavía la amaba. Ahora tengo la respuesta mediante la carta, donde se demuestra que la llama no se extinguió.

- No existe tal. La carta fue escrita hace mucho tiempo. Solo ahora apareció en las manos de su hermano. Ignoraba que estaban comprometidos; suponía que ella estaba libre, ¿qué querías? Además, aun no había sonreído la aventura de conocer a la hermosa Geni. Ahora sé que soy amado y no rechazo la felicidad que me ofrece. ¿Habré llevado con estas palabras la calma a su espíritu?

- Sí - respondió a la ingenua criatura -; pero, ¿cómo nos entenderemos a partir de ahora?

- De la mejor manera posible. ¿No estamos juntos en este momento? Con el tiempo y las aclaraciones que pueda proporcionar, disiparé la tormenta. Deberíamos mantener la reserva, si es posible disimular que ni siquiera nos conocemos, eso hasta una segunda orden. ¿Está de acuerdo?

- Ciertamente. Pero, ¿cómo se harán nuestros encuentros?

- Por correspondencia. ¿Para dónde podré escribirle?

- Es difícil darle una dirección. Mi habitación está frente al corredor de las escaleras, pero allí no nos podremos hablar.

- No importa. Dejaré por debajo de la puerta una nota en la mañana muy temprano cada vez que necesite hablar contigo.

- Perfectamente.

- Y ahora, para demostrarle que me seguirá tu imagen, acepta como un sello de la alianza, este ósculo.

Y la besó en la cara, ya sonriendo.

Acompañó a Roberto hasta cerca de la habitación, como había hecho su hermana el día anterior.

Y se recogió en la casa, sin nada que decirle al padre los sucesos del día anterior.

* * *

Ocho días después, Gualtério renovó la visita a Jaques, encontrándolo reservado y poco comunicativo. Se extrañó, pero supuso que se debía a alguna contrariedad de orden íntimo.

- Creo que elegí un mal momento para molestarlo - se disculpó Corday.

- Todas las horas se hacen malas para mí, desgraciadamente.

- ¿Cómo así? Me aflige esta mutación.

- ¿No supo de su hijo y lo qué pasó en esta sala?

- Dios mío. ¿Será que ha cometido alguna acción indigna?

- Lea mi amigo esta carta.

Y le ofreció la lectura de la misiva, que era el punto discordia.

Gualtério cambiaba de color mientras deslizaba sus ojos a través del papel.

- ¿Quieres cederme este documento?

- No tengo dudas. Guárdalo, y ojalá te sirva de alivio a tus molestias.

Abrazándose con semblante triste, los dos hombres se separaron.

De regreso a su domicilio, escuchemos la disputa que tuvo el decepcionado viejo con ese hijo rebelde a sus consejos.

- Aquí tengo el cuerpo del delito de tu infamia. Mira si te avergüenzas releyendo estas estupideces.

Y le dio la carta.

- Una tormenta en un vaso de agua. Tanto alboroto por nada, como escribió Shakespeare. Esta carta se ha paseado por toda la ciudad, y si no volviera a mis manos, creo que haría el viaje alrededor de la Tierra.

- ¿Entiendes que estás haciendo un espíritu irónico conmigo?

- El asunto se presta para eso.

- ¡Basta! Te ordeno que me respetes. Estate convencido que te arrepentirás de las locuras que continúas practicando. Nos encontraremos en tremenda ofensa, si continúas persiguiendo a esta respetable joven.

Y se retiró inesperadamente para el interior de la casa.

Existe una ley llamada de atracción y repulsión, regulada por instintos humanos en sus variadas y variables actitudes y resoluciones, ley que está sujeta a voluntad deliberativa y al sentimiento animador de las obras individuales.

La simpatía del hombre, por las ideas nobles, que es como un imán que, en virtud de esta ley, atrae a los seres invisibles, que se involucran en el mismo halo de nobleza y que vienen a él para asociarse en el mismo pensamiento y estimularlo en sus elevados propósitos. Por el contrario, cuando los objetivos para ocupaciones perniciosas absorben el espíritu de las personas mal dirigidas, hay una corriente de almas errantes que les sirven espontáneos, arrastradas por la misma ley de afinidad en el maleficio. Ahora es la obra de la bondad, abrazada por los emisarios del bien común, expandiéndose en una irradiación de luz ligera y ahuyentar de su entorno los fluidos pesados de la mala orientación; ahora es el momento de extraer la bilis de los corazones endurecidos, a cuyas vibraciones responden las de otros acaudillados por sentimientos groseros.

Roberto no albergaba en su seno esta sensibilidad superior, que santifica el pensamiento y ennoblece el corazón. No habían aun despertado en su alma las excelencias de la virtud en lo que tiene de majestuoso, o simplemente rudimentario en las almas de elección.

Cuando reflexionó sobre una idea, era cierta la influencia y la colaboración frecuente de aquellos que se deleitaban en instigarle a su realización, y que luego se adelantaban a marcha a la vanguardia, cuando no estaban al frente, como golpeadores, sirviendo de sustento para apoyarlo en las trampas y traiciones. El auxilio invisible le era franqueado por sus malos pensamientos, se basaba en la ley de atracción, se le convertía en poderoso, robustecido por su propia voluntad y energía.

Ciertamente, en virtud de otra ley más razonable y felizmente más consoladora, no siempre se consigue vencer las intenciones malvadas, ya que el destino de cada criatura no está, ni podría estar a merced de la orientación y el capricho de los seres inconscientes de la marcha y finalidad de las pruebas terrenales. Es cuando providencialmente surgen los agentes de los castigos que ellos podrán, sin conciencia de su papel, obrar sin conseguir ver coronados por el éxito sus maniobras desenvueltas con fines maléficos.

Por lo tanto, Roberto estaba siendo el involuntario interventor de los castigos a los que necesitaban ser aplicados a sus víctimas, verdugos del pasado, pecadores en mayor o menor escala, no importa, mas requeridas todas de rescatar faltas contra la ley del amor al prójimo.

Pero aun no se sabe aun hasta qué punto su trama inicial podrá ser victoriosa y cualquier otra cosa que suceda en la sucesión de acontecimientos.

Incluso puedes sobrevivirlo, como resultado de su astucia malévola, que él acabe siendo su mayor víctima - y este es un hecho de observación, gobernado indefectiblemente por la justicia -, puede suceder que venga a enredarse en la red que va tejiendo traicioneramente como la sonrisa satánica de la pérfida venganza.

En la conciencia de cuántos tienen los ojos levantados hacia lo Alto y saben que no hay nada que temer de injusto en la vida terrenal, basta la dulce paciencia que nos aquieta esa noble virtud: la confianza sobre todos los sucesos, por más terribles que parezcan a los ojos del observador, para que no se estremezcan, ni teman dolores más agudos que aquellos en los que se deben retorcer las almas en cuyo seno no fueron cauterizadas las heridas abiertas por el estilete del egoísmo.

Frente al creyente, la ronda de la desgracia pasa como una sombra menos aterradora y amenazante, porque él cierra los ojos del cuerpo y abre los del alma, esconde al corazón el espectáculo de la lucha humana, y le muestra el amanecer de luz en que el horizonte del futuro se baña en una brillante pulverización de oro.

En este gran hormiguero humano grande es el número de aquellos que caminan al azar, sin una brújula, sin conciencia de su paradero, como las ovejas escapadas del rebaño, perdidas del pastor. Ni al menos tienen, como las hormigas, la dirección metodizada por el mismo trazo para conducirla a la colmena para su sustento, para demandar el abrigo de invierno, reguarnecidas en las profundidades de su guarida.

Pero, dichosos los que, perdidos en el camino, no arremeten contra aquellos que los quieren adelantar, y no les cortan el paso para arrebatar de sus manos el modesto rayo de luz con el que alumbran la intención de no caer en profundos y laberintos sin salida.

Mucho más dichosos también aquellos que renuncian a los gestos de la ambición, no tirando de la boca de su semejante el pan con el que ese ha de establecer el equilibrio en la economía orgánica de la vida.

Aun más venturoso aquellos que ya no piensan en sacrificar los derechos y beneficios ajenos, que no las envidian, que no las quieren abrazar solo para su usufructo exclusivo.

Dentro del seno de Roberto, justo allí nos penetramos, vigilaba el tigre de odio, aunque calmado. Lo instigaban las palabras del padre, conjugadas a otras, que le habían molestado los oídos. Se levantó la fiera y premeditó el ataque.

* * *

Desde la toma de la Bastilla, lo que se inflamaba era las agitaciones políticas, que hervían las ideas en una confusión perturbadora, determinando disidencias dentro de las propias familias, lo que hacía que entre los mismos partidarios se generasen antagonismos.

Las persecuciones irrazonable, las delaciones alevosas, las venganzas mezquinas, ya sea de parte del gobierno o del pueblo, se ejercían con violencia, el odio se agravaba, las intrigas se extendieron, invadiendo hogares y conciencias impolutas.

De hecho, el pueblo vivía agitado por las noticias aterradoras, amedrentado por las consecuencias, que nadie sabía lo tremendas que podrían ser, sin saber qué surgiría el día de mañana, temiendo sucesos de resultados formidables, amenazas de desgracias solo comparables al fuego de Roma, en el tiempo de Nerón.

En este estado de tensión nerviosa, sin calma para resolver los más insignificantes negocios, sin brújula para que el pueblo se orientase en sus destinos particulares, sin confianza en el gobierno, que a su vez había perdido autonomía y prestigio público, se estableció una verdadera anarquía en todos los departamentos de dirección de la vida económica y social.

Se había fundado el club de los Jacobinos bajo la orientación de Danton, Marat y Robespierre, al que se había unido Camilo Desmoulins, y cuyo programa exaltado no era favorecido por una gran cantidad de patriotas, que se separaron y formaron, como opositores, la izquierda de la Convención, destacándose entre los girondinos, el negocio Vergniaud, Gersonné, Guadet, Grangeneuve, Brissot, Roland, Louvet, Condorcet, Isnard, Barbaroux, Petier, Juan Ducos y Pedro Corday.

Este partido fue el que mejor guio la conciencia nacional por tener en su adoptado en su programa el ideal de libertad moderada; dentro de una democracia honesta y dignificada por los actos, la independencia y que carga que se debían respetar los derechos y conquistas, personas y cosas. Eran los legítimos representantes de la clase media, alfabetizada, y sus partidarios querían suprimir el título de *Sire* y Majestad por una bien entendida democracia republicana.

Pero la mayor parte de la convención era constituida por los jacobinos, y todos, jacobinos y girondinos, en un consorcio de energía paradójicamente sacudido por las constantes entre ellos, buscaron el colapso del trono, que se encontraba fuertemente en peril en virtud de la franqueza e incapacidad intelectual. del rey, que era dominado por María Antonieta y por la tendencia de ésta para la vida suntuaria en una época de miseria extrema, así como su preferencia a favorecer a Austria, su tierra natal, en lugar de consagrar su cuidado más particularmente al país de su gobierno[12].

Al partido girondino se había unido Carlos, a pesar de su hermano ser jacobino, y de eso tenía conocimiento Roberto.

Este muchacho nunca se había sido pronunciado públicamente a favor de ninguna de las corrientes, pero decidió definirse. Fue a visitar a Robespierre, a quien ofreció sus servicios incondicionales al jacobismo rojo, servicios que fueron aceptados inmediatamente como valiosos por la expresión de su espontaneidad.

Se arrojó la semilla de la venganza.

---

[12] Durante las sesiones de la ·convención del 31 al 2 de mayo y Junio del 93 se produjo un levantamiento en el que se produjo una orden de prisión contra 32 girondinos. Algunos se sometieron, otros huyeron para organizar insurrecciones en las provincias, principalmente en Calvados y en el valle de Ródano, instalándose en Julio. Dispersados después, algunos fueron son arrestados y ejecutados, otros se suicidaron. Los que permanecieron en París, 22, comparecieron ante el tribunal revolucionario, fueron condenados a muerte y ejecutados el 31 de ese mes. Los que escaparon a la guillotina lograron reingresar a la Convención el 28 de marzo del año siguiente.

VI

Desde abril del 92, Camilo había regresado a la política con la publicación de *La Tribuna de los Patriotas,* habiendo sido electo diputado por el círculo de París y escogido por Danton para ser su secretario.

Habiendo alcanzado el apogeo de su glorificación, y popularidad, fue el blanco de las mayores manifestaciones públicas y privadas, con una gran cantidad de amigos sinceros que lo saludaban. En ese número su casa se llenaba de una sociedad, en la que cada persona competía por la primacía de combinar las consideraciones especiales a su ardor democrático.

Entre los primeros en saludarlo en casa, en la fecha en que fue elegido diputado, hay que incluir a sus padres, a sus hermanos y sus cuñados Juan y Alexandre, habiendo éste regresado con permiso de Toulon, donde estaba sirviendo hacía tres años a las órdenes de Bonaparte, como ya se ha dicho.

De su encuentro con Geni surgió una impresión, que se puede traducir por las siguientes palabras, intercambiadas entre los dos, y que pronto fue interrumpido por el joven militar:

- Era verdadera la información, que mi hermano Juan me había informado sobre usted - dijo, apoyando su brazo en una ventana, estando la chica sentada dándole la espalda.

Geni, al escuchar el discurso, se giró y miró a los ojos del muchacho con sorpresa natural:

- ¿Alguna información sobre mí? ¿Algo serio?

- Al contrario, sin riesgo de peligro.

- Pensé que estaban conspirando contra mí. Su hermano se ocupa de quien ciertamente no le interesa… ni a usted señor...

- Perdón; para él naturalmente que no, pero a mí... ¿Quién juzgará, con bases seguras, que me he desinteresado de la hermosa Geni, a quién conocí tan joven, como una flor en botón, y vengo a encontrar como azucena abierta, reavivando el aroma de la juventud y los encantos embriagadores de la hermosura?

- Ah... no lo sabía – tartamudeó la joven, jadeante e indecisa sobre cómo debía guiarse ante el hidalgo caballero, que la impresionara con su elegancia, con el spadim y el alamar del uniforme que le realzaban la figura noble y caballerosa.

- Veo que la perturbé, y me sentiría profundamente herido si soy, o parezco ser, un intruso en los delicados recovecos de su corazón.

- No, no lo es... Pero no sé qué decir...

- Pues no diga nada por ahora. Confiéreme el exclusivismo de la palabra.

- De buena voluntad. Escuche, cuénteme sobre su ausencia en estos tres largos años... ¿qué hizo por allí? ¿No extrañó París?

- Del pasado pocos fueron los vestigios para prenderme a la nostalgia. Pero si, ahora, eso la vuelvo a ver, me ausentase, cierto que la espina de la nostalgia habría de herirme

- ¿Estaba en reposo o estuvo intercambiando armas con los austriacos?

- En reposo hasta entonces. Ahora, me parece que entraré en luchas contra las ansiedades del alma agitada.

- Pues se decían cosas aterradoras sobre la situación de nuestra tierra.

- ¿Qué es esto para aquellos que comienzan a ver a un enemigo de la paz del corazón despertado a las suavísimas vibraciones del amor?

Como resultado, fue un preludio interesante, que el joven militar lanzaba sutilmente al ataque y la joven lo desvió con ingenio raro, fingiendo no descubrir la intención del ataque, sino entendiéndolo a la maravilla.

- Escucho una voz interior que me intuye que estoy siendo aburrido - continuó.

Entretanto Carlos, que se aproximaba y ceñó la cintura del amigo, escuchó las últimas palabras del encantador rompecorazones y avanzó:

- ¡Aburrido con mi hermana, eso nunca! Apresúrense a atribuirme el papel de fiscal para afirmar al amigo que ella ha de sentirse halagada de escucharlo hasta cansarlo, ¿no es cierto, querida Geni?

- Eso mismo le decía al teniente Alexandre; le rogaba recientemente que me contase cosas de la milicia.

- ¡Ahora, qué tema tan estéril! Es decir, ese sí que es aburrido - intervino Carlos.

- Al hablar, las chicas debemos guiar los tiempos sentimentales. Nada que trascienda la pólvora y la sangre.

- Y mi hermano necesita de estas distracciones – añadió aquel, tratando de desviar el pensamiento de Geni de las ilusiones sobre Roberto.

- Y qué mejor razón que las historias de amor, ¿qué más sentimental explicación?

- Ninguna lo supera. Vivir sin amar es atravesar un desierto sin encontrar una flor - reflexionó el poeta.

- Le interesa el amor, señorita Geni?

- Pues qué ha de hacer quién tiene mi edad...

- Sí, que harán aquellos que necesitan divertir al espíritu y liberarse de ideas oscuras y casi tenebrosas – añadió Carlos.

- ¿Tenebrosas? ¿Cómo puede un ángel sumergirse en las tinieblas?

– Cuando algún espíritu tenebroso la tiente.

– ¿Pues fue tentada? - Alexandre le preguntó a la joven.

– Fantasías de mi hermano - dijo Geni.

– Afortunadamente. Iba a pedir a la hechicera mitológica Circe que hiciera bajar todas las estrellas del cielo sobre la cabeza de la gentil niña y la envolviese en su luz, si no bastase la de sus ojos para atraerla en permanentemente esplendor.

– Entonces, háblale en ese lenguaje, que perfuma corazones – añadió Carlos.

La llegada de Juan Ducos acabó con las conversaciones y obligó a otros motivos, que eran los de la orden del día en el terreno de la política. Poco después las visitas se retiraran.

Una nueva situación en la vida problemática de Geni ahora se inauguró con la positiva declaración amorosa de Alexandre, que no llegó a tomar forma por la imprevista interrupción, pero inevitablemente iría a su término a la primera oportunidad.

Ella entendió bien la insinuación de Carlos al querer desviarla de sus esperanzas sobre el amor de alguna suerte infeliz por el resultado que había el suyo. Pero el lazo que la mantenía unida al pasado había sido fortificado por el apretón con el que Roberto lo estrechara. Nada estaba perdido más que la tranquilidad con la que se podían amar en el seno de la familia, estimados de todos y deseados pacíficamente. Se trataba de una nueva batalla, que era resistir a los galanteos de Alexandre, ocultándole los secretos de su alma para que Carlos no llegase a sorprenderlos todavía existentes y mantenidos en su interior. Y todo tendría que resolverse en secreto y realizado sin estudio y sin premeditación, todo por sorpresa y como si fuera una emboscada, como si el enemigo estuviera acechando sus pasos y ella no supiese por donde escapar incólume.

¿Qué respondería a Alexandre cuando él renovase las palabras en las que traduciría más claramente sus pretensiones? Eso ella ya podría ir meditando con arte, estudiando algunas evasivas que lo confundiesen, diciendo, por ejemplo, que no pensara en casarse. Pero tales disculpas son tomadas como paliativos para disimular sentimientos ocultos como si fuera posible esconderse en un velo de gaza en una boca que miente.

Geni pensó en ayudarse con alguien que pudiese inspirarla y recordó a Matilde, amiga sincera, en quien tenía una confianza ilimitada. No pudo contener la impaciencia de escucharla y la buscó en su casa.

Tímida al principio y temerosa de tratar el tema, en el que se encontraba interesado su hermano y novio de la amiga, era necesario tratarlo tan discretamente que no era una razón para la discordia y violencia tal que llegase a destruir de una vez todos los sueños idealizados.

Besando a la compañera, Geni se sintió temblorosa e indecisa.

- ¿Qué te pone así nerviosa? Tienes la cara pálida y aprensiva - observó la novia de Carlos que llevó a su amiga a una otomana, sentándose a su lado.

- Tengo miedo de decirte lo que siento. ¿Eres realmente mi amiga, Matilde?

- ¿Aun lo dudas? Me ofendes con semejante pregunta.

- ¿Puedo abrirte el corazón de par en par y decirte cosas, que estoy obligada a esconder de mi hermano?

- ¿De Camilo?

- No, de Carlos, solamente de él.

- Dios mío, me asustas, Geni.

- En primer lugar, te pido piedad.

- Es horrible el prólogo que me presentas... aun no me has dicho nada y ya me siento aterrorizada...

Por el pensamiento de la hija de Margarita, había pasado como un aliento del infierno mientras escuchaba las vagas palabras de la compañera. Sería que ella..., oh, no, ¡qué idea tan pugnante! Su honor, claro, no había sido tocado. Roberto era un degenerado, capaz de todo cuando era humillante, pero sin duda, el honor de Geni estaba impoluto. Era necesario que estuviese para que ella, Matilde, no sucumbiese aun más avergonzada a lo su amiga le confesase.

- Di rápidamente, Geni, eres una virgen pura, ¿no es verdad? Responde que sí.

- Tanto como tú misma.

- Oh, qué alivio me diste, benditos sean tus labios.

- ¿Qué juzgabas? Oh no, aun no he llegado a resbalar. Amo y soy amada con respeto. Solamente perdí la dirección de mi destino. Después de lo que ciertamente supiste por tu hermano sobre Roberto, tuve pruebas que él no renunció a sus sentimientos para conmigo.

Y comenzó a narrar con minucias las amabilidades de Alexandre y la insinuación de Carlos como casamentero.

- ¿Qué piensas hacer de ti? - Preguntó Matilde.

- Es lo que ignoro, y es por eso mismo vengo a abrigarme en tu seno, con la esperanza de encontrar en tu perspicacia e inteligencia una solución plausible.

- Lo mejor que podría aconsejarte es reemplazar la imagen de un por el otro y mucho ganarías con el intercambio.

- Si esto fuera posible... Pero no. ¿Podrías tú hacerlo con Carlos?

- Afortunadamente, nuestra situación es desigual. Tu hermano es un caballero perfecto. Acostúmbrate a encarar a Roberto como indigno de tu confianza.

- Oh, mi amigo, como me atormentas - exclamó Geni resbalando el rostro en las lágrimas en el seno de la interlocutora.

- Ten calma y confianza en Dios. Haz de salvarte porque eres buena y sincera. He de ayudarte a cargar la cruz.

- Cómo responder a Alexandre cuando vuelva a hablarme, ¿no me lo dirás?

- Oh, hija, ¿cómo puedo resolver un tema del foro íntimo, ¿cómo puedo entrar en tu mente para adelantarte palabras, que solo se responden con las preguntas?

- ¿Si ya sé que me hablará de amor, cómo desengañarlo?

- Dile que tienes el corazón dormido, ahora lo tienes.

- ¡Pues allí está el obstáculo! Carlos sabría que mantengo mi afecto por Roberto, y la guerra se movería alrededor mío, he allí la cuestión.

- No precipitemos los acontecimientos. Espera lo que el destino te reserva, y lo máximo que puedo hacer por ti es colaborar contigo en la defensa de tu felicidad.

- Oh, felicidad... es la flor que nunca ha de surgir en mi vergel... te ruego que nada le digas a Carlos, ¿de acuerdo, amiga?

- Seré discreta, no dudes de ello.

Y se separaron ambas con los ojos humedecidos por las lágrimas.

* * *

Con la agitación política del momento, se creó un ambiente de pánico amenazando la inestabilidad del trono, todo impulsado por la actitud de la prensa republicana, que colaboraba con los dos hermanos Desmoulins.

Carlos ingresó a estos emprendimientos periodísticos haciendo alarde de sus ideas libertarias y siendo un objetivo natural de la atención pública y la vigilancia secreta de aquellos interesados en mantener diferentes propósitos a los suyos.

Los rumores en contra de su orientación no se demoraron en llegar, como contra los oponentes por los que en eso tenían interés, divididas las opiniones, como siempre sucede en tales circunstancias, en todos los tiempos y países.

En esta inquietud que más 0padecía era Matilde por ver a su amado involucrado en materia por demás peligrosa y traicionera, y no ocultó sus miedos cuando le hablaba.

Carlos la acomodaba confiando en su prudencia y en la táctica para decir que las cosas importantes nunca irritando a sus adversarios, provocando una explosión de odio.

Fue en esta emergencia que él supo por Camilo de una trama que Danton hacía para implicar a Robespierre en una intriga, debido a la orientación que él estaba imprimiendo en sus ideas políticas y cuyos documentos estaban en el poder de Camilo, como su secretario. Quería aprovechar la situación y obtener del gran tribuno estos papeles. En su franqueza de novio confiado, se lo dijo a Matilde. La joven se asustó y no pudo más conciliar el sueño, temerosa de las consecuencias futuras y la persecución contra el periodista.

Pasaron unos días sin ver a Carlos, cuando decidió escribirle recomendándole que evitase luchas en la prensa sin ganancias reales para su felicidad, por el contrario, en su carta aludía a tales documentos.

Esta carta la vio Geni sobre la secretaria de su hermano, y la leyó indiscretamente.

Esa mañana había encontrado debajo de la puerta de su habitación una nota de Roberto, en la cual la invitaba a una entrevista en el lugar habitual.

Después del mediodía, estaban se encontraron y se dirigieron a un rincón escondido del jardín, donde se acomodaron.

Geni ya había tenido la oportunidad de comunicarle a Roberto las intenciones de Alexandre, habiendo aquel sonreído a la amenaza del precioso robo y asegurando a la joven su fidelidad.

- Mi miedo es Carlos - dijo ella -, mi hermano será un obstáculo para nuestras intenciones.

- No creías tanto en eso. Carlos está tan preocupado con las cosas de la nación que no hay tiempo para volver a asuntos diversos.

- ¿Qué crees tú de hacerle cambiar su antipatía contra nosotros?

- Su actividad política.

- Me parece que tienes razón. En este momento creo que está en posesión de documentos comprometedores contra Robespierre.

- ¿Cómo sabes eso?

- Por una carta de Matilde, escrita ayer.

- Oh, demonio, si yo pudiese saber...

- Dios te libre de meterte en problemas. Quédate en paz.

- Pues estás equivocada. ¿No querrías que Carlos se reconciliase conmigo?

- ¡Qué pregunta tan ingenua! Naturalmente, sí.

- Pues bien; ya sabes que soy un amigo de Robespierre.

- ¿Y qué tiene eso que ver?

- En posesión de tal documento, lo salvaría.

- Pero comprometerías a mi hermano.

- Estás equivocada, lo salvaría simultáneamente, destruyendo esos papeles.

- Tienes razón.

- Te confío la felicidad y la suya, pidiéndote que te esfuerces por descubrir esos documentos en su secretaria y nos lo traigas.

- No será fácil, pero es un intento de salvación.

- Dices bien, de la salvación, que algo más no debe ser el objetivo – concordó hipócritamente el farsante.

Y salieron juntos, envueltos en un abrazo.

Esa tarde, Geni giró todos los papeles que estaban sobre el mueble de su hermano y encontrara amarrado con una cuerda el traslado de una denuncia de Danton, como miembro de la Comisión de Salvación Pública, contra Robespierre en el Tribunal de la Convención. Pensó maduradamente en la imprudencia del robo y encontró una solución, que le parecía aceptable. Tomaría una copia de esos documentos y probablemente con ellos sería posible la defensa de Robespierre, anticipándose a la acusación.

E hizo la copia.

Esperó con impaciencia al día siguiente la invitación de Roberto por debajo de su habitación y la encontró. Al mediodía fue a encontrarse con el muchacho.

- Aquí tienes una copia de lo que encontré - le dijo la joven entregándole la copia.

Roberto leyó el papel, con creciente satisfacción y observó:

- En esta denuncia se anuncia una tremenda venganza, pero el original continúa existiendo, de modo que tu hermano no escape a complicaciones, por publicar la intriga. Si fuese el original, que yo pudiese romper, eso sí.

- ¿Tienes razón, pero no puedes evitar alguna cosa de malas consecuencias?

- Pienso que sí; voy a intentarlo.

Y sin más demora, regresaron a sus hogares.

Por el camino, Roberto antegozaba una deliciosa oportunidad para vengarse del rival.

Al día siguiente, Robespierre fue buscado por el traicionero hijo de Gualtério y lo recibió en su oficina. El malvado le confió la denuncia, hecha por él, ya que había conservado con él la primera copia para alguna emergencia.

El promotor de la creación del tribunal revolucionario leyó el papel y sonrió con calma y sin rodeos, comentando:

- Es otro cartucho de ese Iscariote. Voy a establecerle una trinchera.

- Será innecesario pedirle discreción, quiero decir: que no me comprometa.

- Es necesario que esta denuncia no sea divulgada antes que nada.

- Por mí, guardaré silencio. Seré como una tumba, pero sé que el original está en manos de Carlos Desmoulins, editor del *Journal de la Época*. Como sabe, Camilo es secretario de Danton, y ciertamente se lo confió a su hermano.

- Pues ordenaré la aprensión del original, y para él, siendo necesario, mandaré que le corten la cabeza.

Y el denunciante se retiraba recibiendo de las manos de Robespierre de algunos billetes en total mil francos en moneda falsificada.[13]

Al otro día por la mañana, la casa de Jaques era intervenida por agentes, que buscaba al periodista y le ordenaban que entregara los documentos comprometedores, afirmando que Robespierre sabía de su existencia en manos de Carlos. El muchacho sorprendido negó la sospecha de posesión de cualquier título de responsabilidad. Con la audacia y la insolencia que la época autorizaba, los esbirros removieron todo en la casa de Jaques, encontrando, de hecho, los documentos aludidos en la mesa de escribir, y arrebatándoselos brutalmente, obligando al poseedor a seguirlos bajo arresto.

Y sin más explicaciones, el muchacho fue retirado a la prisión de Bicêtre, donde quedó incomunicado por orden superior.

La noticia de su arresto tuvo un efecto muy triste dentro de las dos familias a las cuales se encontraba vinculado su corazón.

No fue menor la herida de Geni que el dolor de Matilde frente a tremendo golpe, vibrado con mano certera en el distinguido joven, y por tanto la incógnita para su amada.

---

[13] Solo en Londres, había 80 fábricas (93, de Víctor Hugo).

Geni no había podido predecir tal resultado, y se sentía abatida por el fracaso de sus nobles intenciones.

Roberto, se regocijaba y tenía dentro del alma la consolación de los vencedores de una emboscada.

Solo Matilde se amargaba en el cáliz de la brutal adversidad y recordó sus advertencias, como si las adivinase.

En casa de Gualtério, el hecho causó tristeza al respetable y honesto hombre, quien, dirigiéndose a su hijo, comentó sobre él:

- Mira tú como la dignidad está siendo pisoteada en el descalabro en el que estamos.

- ¿Y quién la pisotearía?

- Algunos miserables, algún perro más infame que estos tres villanos a los cuales por desgracia están confiados nuestros tristes destinos.

El hijo sintió en el íntimo del seno el peso de las fuerzas caudinas, que la vergüenza no dejó tomar forma, porque poco después se apartaba del padre, salía de la casa e iba a saborear su satisfacción deambulando por las alamedas del parque Monceau.

VII

El sufrimiento es un patrimonio de la Tierra, y está de tal suerte arraigado en el alma humana como el árbol que da frutos, como la planta que proporciona alimentos, como el agua que mata la sed.

La humanidad no puede substraerse a él, como no puede al alimento que la vivifica, como igualmente no puede al agua que le quita la sed, y al oxígeno que le tonifica los pulmones.

Extirparlo sería destruir la vida, sería detener el progreso, sería aniquilar la purificación del alma o lanzarla en el abismo de la desgracia.

Para soportarlo, se hace necesario el heroísmo de la resignación, de la paciencia, de la esperanza.

Y cuando el dolor duele más intensamente, es un consuelo tener con quien dividir los gemidos, donde desahogar las palpitaciones del corazón opresivo.

Esto es lo que Matilde hizo yendo al encuentro de Geni justo después de la violencia a la que Carlos había sido sometido.

Cabe señalar que Carlos, cuando antes había sido rey de Francia, había ordenado apresar violentamente a Vítor, criado del Conde de Leicester.

¡Oh! La pena del Talión...

Lanzándose a las lágrimas en el seno de Geni, como su pareja en la desgracia, la joven dividía las amarguras que le iban en el alma.

- Dios me dejó en abandono en un desierto árido y triste, amiga mía – sollozó la novia de Carlos.

- Donde me viniste a encontrar para recibirte con los brazos abiertos.

- Tienes razón. Ya sabía que tenía que encontrarte sufriendo iguales padecimientos.

- ¿Qué hacer? Ambas somos muy jóvenes en la vida y la experiencia, pero ya sé que el mundo está lleno de cuchillas de acero para cortar nuestros corazones, para destrozarnos, esto ayer repetía mi padre, para quien la suerte ha sido madrastra.

- ¿No sabes a quién atribuir la razón de esta situación que nos priva de tu hermano?

- Solo sospecho, sin certeza absoluta. Escúchame.

Y narró todo lo que había pasado con Roberto dos días antes. Terminada la exposición, Matilde exclamó:

- Fue él, sin duda, Roberto fue el traidor.

Al no haberse encontrado aun con su novio, Geni ignoraba lo que había sucedido en este intervalo, ni siquiera, si hubiera una cita, es cierto que él no se referiría a su denuncia a Robespierre.

En ese momento entró en la habitación Jaques y Lucía, que saludaron a la visitante.

- Lamento su triste suerte, la que se nivela a la nuestra – le dijo Jaques a la novia de su hijo.

- ¿Qué piensan hacer? - Preguntó ella.

- Esperar. ¿Quién puede enfrentar las persecuciones de esta gente?

- ¿Y Camilo no tendrá prestigio para intervenir?

- ¿No sabes chica que Camilo está al servicio de Danton y que éste y Robespierre son como perros y gatos?

- ¡Qué desesperación, Dios mío!

- Tengo todas las sospechas que estas maniobras no son indiferentes al Sr. Roberto Corday – intervino Jaques.

- También yo – concordó Lucía.

Geni y Matilde se miraron.

- Buen regalo se insinuaba a las atenciones de mi hija – añadió Lucía.

- Afortunadamente, retiró la máscara, el descarado, que le dirigía misivas de mentecato - dijo Jaques a Matilde.

Como se puede ver las relaciones de Geni con el desalmado sujeto eran desconocidos para sus padres desde el día en que él de allí había salido corrido por una humillación vergonzosa por el hijo de Jaques.

Si alguien en ese momento sufría el mayor dolor era Geni, viendo de un lado a su hermano corriendo un peligro muy grave de vida, por la ligereza, o más bien, por el insidia de Roberto; por otro lado, destruidas sus esperanzas, agonizante su amor, su inmenso amor por ese muchacho, cuya imagen se encontraba grabada en letras de oro en su retina y se reflejaba por igual en los pliegues de su corazón. Tampoco fue un consuelo poder desahogar en el seno de su madre la desesperación, único bálsamo que la vida le da a los hijos indefensos en la hora de las grandes agonías. Sus dolores tuvieron que ser reprimidos, escondidos como fruta criminal, oculta a otros como un oprobio. Su amor era un amor maldito.

Recordó entonces a Alexandre, no es que sintiera por él el corazón alborotado, sino que le reconocía su superioridad de condición, la nobleza de sus sentimientos, su posición como militar distinguido y considerado, su fina educación, obediente al medio en que nació, hijo de este hombre querido por todos, Gaspar Ducos.

Ciertamente, no lo podría intercambiar por aquel que primero la había impresionado tan profundamente, que era su primer amor. Ah, si el destino fuese capaz de producir milagros... No sería un caso excepcional.

Y abrazó a su madre sollozando.

Lucía la acarició, suponiendo que este llanto era producido por la suerte de su hermano, y tuvo palabras de consuelo para levantar el estado de ánimo de su hija.

Retirándose a Matilde, se dirigió a su hogar sin llevar allí nada más de lo que trajera de la casa de su amado, pero al menos ella tenía una ventaja sobre Geni, y fue que, al regresar, pudo encontrar en el seno de su querida madre el calor con que calentar la frieza que la mortificaba.

Y también se lanzó llorando a los brazos de Margarita, exclamando:

- ¡Toda es oscuridad, madre mía, en todo el pavor siniestro de la muerte!

- ¿Fueron así de graves las informaciones que te dieron?

- No; solo miedos, aprensiones justificados en precedentes. Bien, sabes madre, como son malos, inexorables los jefes revolucionarios.

- Tengamos confianza en Dios. Carlos es inocente, y eso es suficiente para que no tengamos nada que temer de quien no le encontrarán motivos para venganzas extremas.

- Dios te escuche, madre - murmuró la joven desprendiéndose de sus brazos.

Esta situación duró hace un mes, de cuya vigencia no es necesario describir las ansiedades que continuaran siendo exteriorizadas en las reuniones que se daban entre las dos familias atingidas por el golpe y por la mayoría de los amigos de Carlos, siendo vanos los intentos de liberarlo de la injusta prisión.

En ese momento, Alexandre, que se encontraba en Toulon, había regresado a París y se encontraba al corriente del desafortunado suceso. Visitó a la familia de Henrique Portier y luego Jaques Desmoulins, donde fue recibido con agrado y distinción.

Allí había llegado a presentar sus sentimientos de solidaridad en el disgusto que incomodaba a la familia de Carlos y a ofrecer sus servicios en lo que fuese posible y plausible en semejante coyuntura.

La conversación se generalizó hacia la política, lo que da tema de más a quienes la estiman, ahondándose en el lodazal en el que se sumergieron los apóstoles del bienestar personal los defensores acérrimos de sus propios intereses.

- Aun no pude penetrar en la psicología hasta el punto de desentrañar si el corazón en la juventud es más sensible a las vicisitudes que en la vejez. Si acierto, juzgando la primera hipótesis como verdadera, es creer, como una sanción de este principio de la psique humana, que la señorita Geni ha de sufrir mucho más que sus progenitores.

- Es difícil saberlo, sin un termómetro que regule la intensidad de esas emociones para una respuesta irrefutable – opinó Jaques –. A juzgar por el río de lágrimas parece que mi hija recibiría el premio en la corrida del sufrimiento.

- Oh, no puede haber un mejor índice - añadió Alexandre.

Nadie allí sabía que esas lágrimas eran de Roberto. Las reuniones de la joven con él continuaron con resultados anodinos, en una especie de platonismo amoroso sin objetivo o propósito honesto, especialmente de parte de él, que no apuntó más que prestar un paliativo a sus relaciones con la joven, manteniéndola en una dulce ilusión y aparentando un falso disgusto por la detención de Carlos.

Él animaba la ingenua creencia que Matilde terminaría por olvidar a su amado. Confiado en sus predicados de joven galán, concibió los sueños rosados en un futuro muy distante, sin importar, si, tal vez, se fueran aproximando, como las nubes grises que el viento rechaza incluso hasta junto a nosotros. Geni sería la buena mensajera de esa aproximación entre él y la otra. Tal vez necesitaría de su concurso. Sin embargo, sus coloquios actuales se limitaron a uno o dos al mes, y consistieron en promesas falaces y declaraciones de amistad de su parte. En cuanto a la oposición, también confiaba en su perseverancia para vencerla, como sabría vencer la de Matilde. Todos los resortes y ruedas tienen movimiento automático de retroceso, en la mecánica de la vida social.

Para que no hubiese una solución de continuidad en tal tema de su gusto, Alexandre se dirigió entonces a la joven perturbada, animándola así:

- Ojalá pudiera detener tus lágrimas en el dique de mi gran estima. Debe acostumbrarse a poder traer más veces la sonrisa en los labios que el llanto en los ojos. Su juventud está reclamando contra su tristeza. Su belleza se siente herida, sufre más que usted.

Nuevamente era la voz del corazón que hablaba, no había duda. Geni lo entendió bien. Estaba allí la amenaza de una embestida a la que ella hasta entonces no había encontrado recursos retóricos para escapar. Afortunadamente allí estaban sus padres sirviendo de muro a despropósitos de demasiados afectos. Pero el muchacho era hábil y delicado en el torneo de las amabilidades, y regresó:

- Estoy diciendo que hay un corazón virgen para el amor. Si quisiera amar, contrarrestaría los pesares de la vida con las alegrías del corazón.

Como estaba equivocado el psicólogo adoctrinador escuchando cantar al gallo sin saber de dónde. La joven, abrumada, tenía miedo de responder, temiendo que cualquier palabra pudiera comprometerla. Los padres bien sabían que el corazón de Geni no era virgen al amor, y fue entonces cuando Jaques intervino:

- Sí, al contrario de lo que supone el amigo, un amor indigno, que también manchó a mi hija, que tal vez contribuyó a abrir en su seno la brecha por donde corren lágrimas más amargas.

- Piedad, padre mío, no me avergüences más – suplicó la infeliz joven.

- Pido perdón, si estoy siendo indiscreto – dijo Alexandre.

- No hay indiscreción alguna. Es bueno que usted conozca al Sr. Roberto Corday para saber cómo defenderse de semejante desgraciado.

No fue necesario nada más para que Alexandre comprendiese que se trataba de su rival.

- Me equivoqué, señorita – intervino él -, y todavía mi estima por usted va a mantenerse de ahora en adelante.

Y poco después salió.

¡Oh, incomprensible alma humana! ¡Oh, problemas del corazón! ¡Como eres inviolable, oscuro, paradójico en tus recónditos misterios!

Este hombre, en quien la estima era una virtud...: estimable, por así decirlo, coherentes con el vigor etimológico de la palabra, pasa a tener recrudecido el afecto al saber que la mujer, que lo había impresionado profundamente, ya había amado a otro, su corazón ya no era virginal.

¿Quién hay que entienda eso? ¿Quién hay que entienda también que Geni comienza a agitarse, no que las palabras del muchacho le arrojasen chispas al alma, sino porque eran balsámicas, porque revelaban la grandeza de un espíritu animado de sentimientos altruistas.

En vez de retirarse, Alexandre se expandía; en lugar de huir, la abrazaba; cuando era de suponerse que se cerrase en un mutismo de rebelión, le abría los brazos y la tomaba, como una desgraciada a quien el mundo negase las caricias de la piedad cristiana.

Seguramente, él la amaba, con amor sincero, no de aquellos que se diluyen al rigor de los inviernos hibernales, pero de los que reviven al fuego de las angustias supremas. Era de los que enfrentaban al destino y desafiaban la desgracia, de los que no temen a la muerte. No traía una espada, que honraba y que naturalmente se sentía honrada en su cintura.

* * *

Una mañana Matilde estaba con su criada en los Campos Elíseos, su lugar favorito para pasear, donde las sombras de su melancolía desaparecerían, cuando Roberto pasó por allí.

El audaz hombre, interrumpiendo sus pasos, le pidió que lo escuchara en una vieja queja, adelantándose así a hablarle:

- Guardo en el fondo de mi pecho, abierto hace poco más de un mes, como una herida incurable, la ofensa que me hizo devolviéndome una carta que le dirigí y en la que le suplicaba piedad por un amor que aún ahora me calcina el corazón.

- Bien sabía que nada podía esperar de mí. ¿Por qué insistió?

- Llevado por la esperanza, por una esperanza que aun me anima, ahora más que nunca, viéndola libre y siempre encantadora.

- ¿Quién le dijo que soy libre? ¿Acaso supone que me encarceló, como pérfidamente lo hizo con el único ser hacia quien vuelan mis pensamientos?

- Le juro que en nada contribuí a la detención de Carlos Desmoulins.

- ¡Qué hombre cínico y perjuro!

- Las recriminaciones ya no son oportunas. Por favor, retírese de mi frente - ordenó la joven, indignada con la impertinencia del insolente conquistador.

- Perdón, señorita, tengo derecho a defenderme, bajo pena de considerarme un villano. Me acusa y me niega la gracia de desviar el balde que me arroja. Me convierte en un acusado de un crimen, que no practiqué, me arroja a la mazmorra del desprecio, y me niega el sagrado derecho de disputar sus injuriosas sospechas.

- Sea tomado en cuenta de indulgencia lo que hizo o de olvido lo que oculta a mis ojos. Puede seguir su camino.

- Aun no. Me pesan los pies al peso de la desgracia. Sabe que la amo locamente; quiero luchar contra este verdugo que pateé mis intestinos, y solo puedo hacerlo a tus pies, arrodillándome como un vencido, doblegándome como quien solo de rastros, besando el polvo del camino, puede inspirar compasión.

El lenguaje falso, muy diferente al de Alexandre, era este. El farsante no ponía sus manos en su conciencia, recordando a la infeliz Geni, a quien mentía con palabras de fingidos sentimientos, aunque menos patéticos.

En este momento, Alexandre estaba cerca de los interlocutores de este diálogo y, dándoles la espalda, llegó a escuchar la siguiente plática:

- ¿No se sonroja de pudor, al decirme palabras, que ha repetido a esa desdichada criatura que es Geni?

- No tengo compromisos con la señorita Geni - respondió el impudente muchacho.

Volteando su rostro casualmente, Matilde se encontró con Alexandre. En un actitud diplomática, éste la saludó y fue obligado a apretar la mano del caballero con quien ella conversaba y que no sabía quién era. Solo sospechó al final de la ligera controversia.

Desorientado por la inesperada aparición del hijo de Gaspar, el otro se apresuró a despedirse y continuó el camino hacia el Boulevard.

Alexandre supo que se trataba de la persona que había sacudido el corazón de Geni y no le dio importancia al encuentro. Le pidió permiso a Matilde para llevarla a su residencia, porque ella había expresado el deseo de retirarse y, tomando un coche, se dirigió a la calle Chan-torême.

Pasados algunos días, Geni visitó a Matilde, con quien se había acostumbrado a compartir sus secretos. Nunca había sido traicionada por la infidelidad de su amiga, en quien la confianza se solidificara y que merecía la retribución voluntaria de los pensamientos reservados.

Era la primera vez que la visitaba después de la última reunión con Alexandre.

- ¿Sabes, Geni, que hace unos días me encontré con tu enamorado en la Alameda de las Acacias?

- Es un ingrato; hace casi un mes que no lo veo.

- ¿A Alexandre?

- ¿Pues es de él de quien me hablas? - Preguntó Geni, sorprendida.

- Me olvidé que tienes dónde elegir.

- Malcriado. Te burlas de mí.

- El que se burla de ti es Roberto.

- No seas injusta.

- ¿Si te diera prueba testimonial?

- ¿De qué?

- ¿Qué me dijo que no tenía ningún compromiso contigo?

- ¿Lo juras?

- Además de jurarlo, te doy como testigo a Alexandre.

- ¿Es esto posible…? ¡Dios mío, como he engañado!

Y se llevó el pañuelo a los ojos para detener el llanto..

- Sé fuerte, amiga mía, levántate de pie dentro de tu dignidad. Un hombre de esos no vale una sola lágrima de mujer de tu estatura.

- Tienes razón, querida; si pudiera amar a alguien ese no sería él, muy cerca estaba de alguien que merecería mi estima.

- Alexandre, ¿no?

- Sí, él mismo.

- Sí, me habló vagamente de ti. No te olvidó después de una larga ausencia.

- No debo ocultarte nada. Alexandre acaba de darme una prueba robusta de su superioridad moral, pero me siento amarrada al poste de esta cruz que cargo por el mal de mis pecados. ¿Qué puedo hacer?

- Levántate, ya te lo dije; dignifícate. Tienes en tu creencia el mejor paliativo. La Santísima Virgen ha de escucharte. Pídele la fortaleza de ánimo para expulsar de tu seno a este reptil que te muerde. El amor solo ennoblece cuando ya es noble. Amor que perturba se transforma en una pestilencia mórbida. Ya no es afecto, es cáncer, es una herida que debe curar, cauterizándola para que no supure nuevamente.

- Hablas con la elocuencia de quien encontró en la vida alguien que sabe amar como mereces. Tus palabras son filtros de dulzura, que me frotan el íntimo de mi pecho, pero cuando el eco las lleva, regreso a la misma agonía de amargura. ¡Oh, como la existencia me sabe a hiel!

- ¿No tienes el ejemplo de mi resignación después de más de un mes de sustos, temiendo por la suerte de tu hermano?

- Eso es cierto, ya que eres una mujer con temperamento de acero.

- Bien ves que aun no me he desanimado; espero, confío y venceré, estoy segura. Haz lo mismo. Imagina que tu amado está en una mazmorra perpetua. No sé cuánto más pueda ayudarte.

Llegando a la sala, Margarita buscó disipar el ambiente de lamentos, en el que la convirtieron, y entró a colaborar en la conversación.

- Bienvenida seas, Geni, que te estabas haciendo de rogar. Hace tiempo que nos privas de tu presencia.

- Ocupaciones...

- Del corazón... son los más exigentes, las que exigen más tiempo y mayores cuidados para que no se borren los trazos del diseño con el que delineamos el camino florido de los jóvenes.

- Está de buen humor.

- Y me hace muy bien. ¿Quisieras que me hiciese monja y viviese en el ascetismo?

- No, sino que dejase el lugar para mí. Cuanto deseaba ser monja...

- La vida no parece ser mala, pero muy amenazada de indigestiones de oraciones.

- Escucha, Geni, si quieres disipar el aburrimiento, ven a pasar tus días con mamá - intervino Matilde.

- ¿Por qué ella está aburrida? Fuerte tontita eres, Geni. Deja eso para los que no tienen nada más que hacer.

- ¿Quieres quedarte algunos días con nosotras? - Consultó Matilde.

- No sé si acepte - respondió la otra, pensando en los avisos de Roberto, usualmente dejados en su habitación, y que, al ser encontrados, constituirían un peligro.

- Consulte con tus padres y decide – añadió su amiga.

- Haré lo que dices.

- Hoy cenas con nosotros.

- Está hecho.

A la mañana siguiente, en efecto, encontró una recado de Roberto. Su corazón estaba emocionado. ¿Sería la rama de olivo que calmaría la tormenta que le devastaba sus sueños?

Lo veremos...

VIII

Protegido por el déspota de Robespierre, Roberto, tenía la facilidad de visitar la prisión de Bicêtre, donde todavía se encontraba Carlos incomunicado, y donde iba a espiarlo a través de los carceleros para chismosear cualquier cosa que pudiera aprovechar en sus propósitos de venganza.

Había obtenido su libertad, una desafortunada anciana, que había sido arrestada por reaccionar contra los sicarios, que intentaron revisar su residencia, con la sospecha que ella había ocultado un espía de los jacobinos, al servicio de Marat.

Casualmente, había conocido a Roberto en sus visitas, y cuando fue absuelta, lo encontró allí. Paupérrima, le solicitó una limosna de un pan con el que pudiese alimentarse al día siguiente hasta que encontrase trabajo.

Roberto, al ver al mendigo, la llevó a donde podía hablar con ella en privado, y le propuso una misión concebida::

- Tendrás de mi la protección para no morir de hambre por largo tiempo, pero te incumbirás de un trabajo fácil, que no puedo confiar sino en una mujer. En la cárcel hay un hombre que sufre la ausencia de su amada, el que allí visitaré. Quiere obtener de su novia – la señorita Matilde -, una medalla con el retrato de ella, y me confió esa misión. La referida joven me odia por razones que no viene al caso que sepas. Tu papel será ir conmigo al mediodía al Jardín de las Tullerías, donde encontraremos a una joven llamada Geni, amiga de la otra, a quien le dirás que fuiste responsable de hablar con ella en el sentido ya aclarado por mí. Ella es hermana del muchacho antes mencionado, llamado Carlos. A su vez, esta joven sospecharía de mi en tal encargo y por ello se hace necesario la intromisión de una persona como usted, en quien la sencillez se manifiesta. ¿Entiendes bien lo que tienes que hacer para garantizar tu pan con mil francos?

La indigente casi se desmayó con la oferta, y balbuceó dudosa:

- Si usted me promete que no habrá temor de consecuencias peligrosas...

- No tendrás nada que temer, te lo aseguro.

- Ahora alabado a Dios. Porque estaré en el parque, a la hora programada. Mi nombre es Rosália, para servirle.

Y Roberto repitió los nombres de los personajes, para que la mujer no fuera atrapada en contradicciones.

Y fue así que se encontraron los dos jóvenes para la entrevista anunciada.

Roberto se apresuró a afirmar a Geni su buena voluntad por la libertad de Carlos, por la cual estaba influyendo en Robespierre, a quien le había pedido tolerancia, esperando ser atendido. Incluso en ese momento supiera por una anciana que había salido de la cárcel, que Carlos codiciaba poseer la medalla de oro con el retrato de Matilde, que ella solía traer colgante de su cuello, a fin de para contemplarla en efigie, ya que no podía hacerlo personalmente, y confiara a esa viejita el encargo por intermedio de Geni. Había indicado ese lugar, donde la mujer podía encontrar a su hermana, quien, con menos escrúpulos, se prestaría a ser mediadora de su deseo.

Tan pronto como acababa de hacer la exposición de la pérfida trama, aparecía arrastrándose en su miseria la vieja Rosalia, apoyada en un palo, a manera de bastón.

Pidiendo permiso, así comenzó la anciana:

- Ya sé que estoy hablando con la señorita Geni, hermana del Sr. Carlos, ¿no? Esto supongo al verla al lado del Sr. Roberto, ya mi conocido.

- Exactamente - respondió la joven con un gesto de piedad.

- Alabado a Dios, porque estoy encargada por el Sr. Carlos para pedirle un gran favor.

- Ya sé lo que quieres, el Sr. Roberto me puso al corriente de tu misión.

- Alabado sea Dios.

- Voy a intentar tu deseo, pero creo que debes ir conmigo para confirmar el encargo, que Carlos te confió.

- Esto no me trae dificultad, alabado a Dios. Diga la señorita donde debo estar para este propósito.

- Irás a las tres de la tarde a la Rua Charterême n. 16 y buscarás a la señorita Matilde.

- Estamos de acuerdo. Nos vemos, alabando a Dios.

Y se fue, arrastrando sus pasos lentamente.

- No fue ciertamente para esto que me llamaste - dijo después Geni, cuando la vieja Rosalia se había marchado.

- ¿Por qué me hablas así?

- Supongo que reproducirás la escena, que tuviste con Matilde hace unos días. Puedes representar la comedia para que yo disfrute de tu habilidad de artista.

- Escúchame, Geni.

Y el embustero tomó la postura de un orador que se prepara para armar el efecto con los ademanes afectados de doloroso sufridor.

- Hay dentro de mí un enemigo contra el cual vengo trabando una lucha titánica de vida o muerte, una dualidad infernal, que se apodera de mí y me somete al más lamentable servilismo. No pude cortar este maldito amor que tributo a Matilde. Trato de olvidarla, confundir este afecto con la amistad que vengo provocando y alimentando contigo, que eres buena y sincera. Además, es mi padre quien más desea nuestra alianza. Ayúdame a vencer en esta lucha para que no me esté indefenso. Es una limosna que te suplico – terminó en tono de lamento el descarado sujeto.

Y bajó los más bajos gestos por haber terminado la conversa y ya no necesitar más usarlos el disimulado farsante.

La incauta chica respondió:

- - Aquí están mis brazos para las cadenas, si eso te agrada.

No exijas tal de quién también los tiene encadenados. Me faltan los movimientos.

- ¿Cómo quieres olvidar a Matilde si la buscas?

- No la busqué; la encontré por casualidad. Le hice un reproche, me recibió muy mal y perdí el sentido. Ahora esto es como fue el caso.

- No terminaste de esa manera el encuentro: le juraste un amor salvaje.

- Eso es lo que acabo de confesarte. Fue el demonio dentro de mí quien habló, ¿pues no te lo acabo de referir?

Batiendo nerviosamente con los pies en el piso, dijo Geni:

- Estamos entendidos, Roberto. Continuaré mi calvario después de levantarme de la tumba para una nueva marcha.

Y se separaron, siguiendo cada cual su destino, ella con el semblante deshecho; él como la víbora que deja el veneno sobre una piedra, mientras bebe agua, y que lo retoma después de saciar la sed.

Si había dualidad en ese hombre... ¿quién podría dudarlo? El miserable tenía negra el alma, pero quien gobernaba sus pasos era él mismo, no el maldito subconsciente al que se refería. Dualidad de amor y odio sí, que la pasión por Matilde era la causa de su despecho por ella y de odio a Carlos.

No era suficiente para el joven poeta haber dominado un corazón, que él, Roberto, había deseado conquistar, para que como sobrecarga lo vilipendiase con la afrenta escandalosa en el tema de la carta, que anduvo de mano en mano, sirviendo de escarnio a su atribulado afecto.

De allí, la trama planeada cuyas consecuencias veremos.

* * *

Estamos en la casa de Henrique Portier, junto con Geni, que acaba de llegar allí.

- Ya sé que nos vienes a traer la respuesta a la invitación hecha para que descanses un tiempo con nosotros – comenzó la hija Margarita.

- No, por ahora. Imagina que esta mañana encontré un mensaje de Roberto llamándome.

- Oh, el audaz... ¿y qué te dijo?

- Me habló con una franqueza que me conmovió. Me dijo que sus relaciones eran el padre que las había impuesto para que él te olvidase. Que; sin embargo, continuaba amándote, y si volvió los ojos hacia mí, fue para sofocar la antigua pasión. Realmente se esforzaba por quererme, y su asiduidad en verme, la explicaba como corolario de ese propósito. Me pedía que lo ayudase a estimarme y a no huir de él. Todo esto me dijo después de echarle en cara su falsedad al representar contigo la escena, de cuyo resultado fue testigo de Alexandre. Aquí, amiga mía, la nueva trama que se ha hecho en mi destino.

- Cree que él no es sincero.

- Me cuido que tengas razón. Esperaré pacientemente la lección del tiempo.

- Haces mal. En nada te aprovechará cualquier concesión a sus caprichos. Imagina que tienes que luchar contra tu padre y el suyo, quien ciertamente también se rebeló con el incidente de la carta devuelta.

- Sin embargo, existe un asunto más importante para tratar contigo, y que hace el objeto esencial de mi venida aquí - Geni articuló.

Y narró las pretensiones mentirosas sobre la medalla.

Mal terminara la exposición de su encuentro con la vieja Rosalia, ella tocaba a la puerta y, recibida con amable acogimiento y repitió *ipsis verbis* el mensaje de Roberto.

Matilde no tuvo dudas de atenderla, confiada en la sinceridad de una desgraciada, en cuyo rostro se leía la miseria y sencillez.

Primero se levantó para trazar algunas líneas, lo que debería acompañar a la preciosa dadiva, y escribió esta carta:

"Cariño mío:

Aquí va la prueba que tu súplica no fue en vano. Cansada de esperar, llegó el día en que responder a tu amor me inunda el corazón de verdadera alegría.

Te besa en la cara, combinando contigo el ósculo que darás en su retrato tu

Matilde."

Y tomando del corpiño la cadena que contenía el broche con la efigie esmaltada, se la entregó a la mujer con el sobre cerrado, sobre el que escribió el nombre del destinatario.

Despidiéndose muy satisfecha, la pobre se retiró llevando las reliquias y repitiendo el estribillo:

- Alabado sea Dios.

El reencuentro de la mensajera con Roberto quedó establecido para el día inmediato en el mismo lugar y hora.

Rosalia había llegado en primer lugar; diez minutos después de eso apareció aquel.

- ¿Qué tal? ¿Conseguiste la prenda?

- Aquí tiene lo que me confió la joven. ¡Ay que la chica rica es un beso de belleza, alabado a Dios!

Y le presentó la carta y una pequeña envoltura atada por una cinta de seda rosada.

- ¡Eureka! - Exclamó el bribón, rasgando la envoltura de la carta antes de abrir el paquete.

Y la leyó.

La mirada se le iluminó de un brillo satánico. Fue el demonio interno que se exultaba.

- Esta carta salió mejor que la encomienda - resonó consigo mismo el desvariado farsante. Los dioses de los predestinados para las aventuras dantescas me protegen.

Y puso los mil francos recibidos de Robespierre en las manos de la anciana en billetes falsos.

* * *

Después de algunos días de estudio, como lo hacen los comediantes para sus trágicas creaciones, Roberto se dirige a la cárcel y logró acercarse a Carlos, sin darle a conocer que deseaba comunicarse con él.

A través de las rejas lo miró con despecho y lo saludó. Carlos no correspondió a su saludo.

- Es inapropiado que los hombres educados se nieguen a responder a un saludo a aquellos que tienen la delicadeza de saludarlos - dijo, enderezándose y arreglándose el bigote.

- Solo alimento relaciones, aun de las más simple cortesía, con aquel que me figura digno de ellas.

- Es malo, si así lo crees.

- No acostumbro regular mi criterio por el albedrío de los demás, y cuando lo haga, trataría de valerme de personas responsables de sus acciones.

- Mira bien cómo me insultas en un lugar donde solo se recogen los repudiados de la sociedad.

- Es eso lo que te vale estar disfrutando de las regalías de estas rejas.

- ¿Yo? Parece que deliras...

- Cuando no, lo abofetearía. Gracias por la distancia que nos separa.

- No veo suficientes razones para tal animadversión.

- ¿Ya te olvidaste de tu ridículo pasado?

- No siempre hay ridículo en el amor, fuera de tu presente caso.

- ¿A qué te refieres con eso?

- ¿Qué soy yo que te encuentro ahora ridículo?

- ¿Por verme aquí encerrado?

- Y olvidado de aquella que me acusó.

- Nada lo autoriza a decir tremenda falsedad.

- Todo autoriza, por cierto. Eso lo afirmo.

- Nadie afirma cosa que no pueda probar.

- Estoy habilitado para documentar mis palabras.

- ¿Cómo?

- Con la respuesta que finalmente la señorita Matilde me envió a la carta que V. S. me arrojó a la cara hace poco más de un mes.

- Es una calumnia lo que dice.

- ¿Lea esta carta y retire la expresión?

- Aquí la tiene.

Y le mostró desde lejos la medalla.

El amargo trance por el que pasó Carlos no hay nadie que no lo entienda ni siquiera que fuese salvo, aunque en diferentes circunstancias. El muchacho, con el corazón oprimido por una ansiedad inaudita, no pudo conservarse de pie; dobló las rodillas y cayó postrado al suelo.

Roberto se retiró saboreando su miserable victoria, dejando a propósito la carta en posesión de Carlos. Fue como una tácita retribución.

Largas fueron las horas de lágrimas vertidas por el desafortunado joven en esa mazmorra, donde ni siquiera tenía libertad para verterlas sin ser presenciada por una clase de individuos de la más baja esfera social, con quien no podía intercambiar desahogos del corazón.

Lía y releía la carta que buscaba descubrir en ella la falacia en sus letras, buscaba una interpretación que no fuese aquella tan claramente entendida, pasó sus manos por sus ojos, dudoso que ella fuera de vista su vista para dirigir a los caracteres escritos por la mano de Matilde, que él sabía bien que eran suyos y cuya letra, y perfume suave los reconocido pronto. Además, el broche, su regalo de compromiso, con el retrato que a menudo había besado, era el más valioso atestado de su falsedad. No había duda que ella lo había engañado, la perjure, la novia traidora.

¿Cómo admitir que Henrique y Margarita, tan sus amigos, consintiesen sobre esta infamia? ¿O eran ajenos a los nuevos amores? ¿Cómo enterarse del misterio? ¿Quién le valdría la pena en ese encargo?

Y el silencio de esas cuatro paredes, sombrías y sórdidas, , continuó desdeñando sus interrogante4s mentales, que permanecieran sin respuesta.

Pero se le ocurrió una idea repentina al cerebro. Sabía que Gualtério evitaba las relaciones de su hijo con Matilde y ciertamente esta correspondencia era clandestina; quizás por eso que los padres de Matilde se mantenían ajenos a lo que estaba sucediendo. Después de una agonizante noche de vigilia, amaneció oscuridad de otra noche, en la que se había constituido su situación actual.

Un hombre borracho, que había sido puesto en su cubículo dos días antes, había recibido la orden de salir.

Carlos le pidió un servicio, que debía ser portador de una carta para alguien, ganando por eso un luis de oro. El vagabundo aceptó de buena voluntad la tarea y recibió dos papeles, que deberían entregar a Gualtério d'Armont de Corday, en la Rua Rivoli n. 28. Era la carta recibida de Roberto, acompañada de una nota que escribió con lápiz con estas palabras:

"*Ciudadano Gualtério:*

En un tiempo pasado recibía V.S. una carta que su hijo Roberto había dirigido a la señorita Matilde Portier. Ahora te sorprenderá otra, esta vez escrita por ella a su hijo. Me preguntará V. S. cómo el papel ha llegado a mis manos; Respondo de antemano; a través de su propio hijo, quien vino a lisonjearse de su triunfo. Además, el retrato mencionado en la carta está en su poder.

Que este documento pueda serle útil, son los deseos de quien que no quiere nada más de la señorita Matilde, y que firma como un agradecido servidor.

Carlos Desmoulins."

El tipo, metido en un pantalón remendado y ordinarias botas, teniendo en la cabeza una boina ahuecada, mirando con los ojos malogrados por el alcohol, salió feliz y allí fue su destino con un luis en un bolsillo y el sobre en el otro.

Cuando realizó su encargo, ya había bebido medio luis de vino.

Gualtério recibió el precioso documento y lo leyó con sobresaltos de espíritu, y a la hora de la cena, cuando Roberto había regresado, trató de sorprenderlo con frialdad, usando una nueva táctica y diciéndole:

- No sabes nada sobre Carlos Desmoulins... ¿si ya fue suelto?

- Lo ignoro por completo.

- Escuché que la novia lo traicionó.

Roberto se alarmó con la revelación y dudó en la respuesta.

- Nunca más la vi, ni escuché nada sobre eso - agregó fingiendo despreocupación.

- Me dicen además: que el nuevo enamorado tiene un retrato.

Esta vez, el asombro del muchacho superó al susto, haciéndolo perder el habla.

- ¿Estás así tan mal informado de las cosas que una vez te interesaban tanto?

- Naturalmente. Sabes padre mío que, después de los últimos acontecimientos, me desvinculé totalmente de estas personas.

- ¡Eres capaz de afirmarlo bajo una palabra de honor!

- Bajo palabra de honor.

- Repite que lo hagas bajo mi honor.

- Bajo tu honor.

- ¿Bajo mi honor? ¿Reflexionaste bien?

El hijo estaba sorprendido, pero ya no podía dar marcha atrás, y confirmó vacilante en la media voz.

- Sí, bajo tu honor.

- ¡Miserable! ¡Nivelas el honor de tu padre al tuyo, cuando tu padre no miente! ¡Sinvergüenza! Mira cómo te confundo, lanzándote en la cara esta carta. Se invierten los papeles. Una vez fue tu carta la que vino a mis manos,. Hoy es la de Matilde que me llega.

Y la arrojó sobre la cara del hijo.

Con las manos temblorosas, Roberto recogió el objeto caído en el suelo, y que estrictamente no estaba destinado a él. Pero, ¿cómo defenderse, si él era el mismo que había armado la intriga? Por lo tanto, estaba atrapado en sus propias redes, incapaz de saber incluso cómo desenredarse. Comprendió rápidamente, que había sido Carlos, quien había encontrado los medios para enviar la carta a Gualtério.

- ¿Y ese retrato? - Insistió el padre en su enérgica investigación.

- El retrato no me fue entregado.

- ¿Cómo no, si se habla de él en este papel?

- Sin embargo, Matilde... me pidió la restitución recelando... quizás sería una imprudencia renunciar a él.

La situación se complicaba para mayor tribulación del muchacho, mas no le asistía el derecho de quejarse, sino de sí mismo, que la engendrara imprudentemente. Fue el lazo armado por el frívolo cazador, en cuya trampa había quedado atrapado. Las consecuencias las predijo amenazadoras, vergonzosas, siempre que la carta cayera en manos de su padre.

Reflexionarán los que están analizando los hechos: aunque sin la explosión que están haciendo, tarde o temprano se descubrirá la estafa.

Para responder a esta cuidadosa consideración, vamos a entrar en el pensamiento de Roberto.

Este poco astuto emprendedor de aventuras trabajaba con denuedo junto a Robespierre para que Carlos fuese guillotinado por haber vendido la otra una copia de los documentos que determinaron su arresto. Esta copia que Robespierre quería poseer, encargando de adquirirla a cualquier precio. Eso fácil, ya que Geni la había proporcionado su propio puño. Días después el traidor, confiaba al déspota el documento diciéndole:

- Lo compre por mil francos a una mujer. Mira cómo se adivina por la caligrafía la letra femenina

- .¿Quién es esta mujer?

- La hermana de Carlos Desmoulins.

- En ese caso, ¿hermana de Camilo Desmoulins?

- Exactamente.

- Era cierto. Geni era hermana de ambos.

- Nada, ese Camilo está al servicio de Danton, y no quiero complicaciones con este bribón.

- ¿Entonces Carlos también se salvará?

- Ese no. Lo tengo en las garras. Morirá dentro de dos o tres días, cuando me da la locura, de eso no se libra.

Confiado a esta promesa, fue que Roberto se apresuró a esa venganza que el muchacho recibiese aun un gran golpe antes de subir al patíbulo.

De lo anterior vemos el peligro inminente que está corriendo uno de nuestros héroes.

Roberto temía conservar consigo la medalla con el retrato de Matilde, no fuese que su padre decidiese tomarla buscando en sus bolsillos, que para esto no tenía escrúpulos, dado su carácter estricto y temible.

Secretamente llamó a María y le contó una historia muy complicada para justificar la posesión de tal joya, que involucra en el episodio a Geni, quien, dijo, había obtenido esta reliquia para guardarla. No quería que su padre supiera esto, sería un peligro saberlo - agregó, pidiéndole su cuidado.

Habiendo la joven guardado la medalla, se quedó dormido y soñó cosas terribles de ladrones que la robaron y la asesinaron para robar su joya, y se despertó sobresaltada tras una terrible pesadilla.

Tan pronto como su hermano salió después del almuerzo, ella también salió sola, como es usual en París, donde se ve a las niñas y niños caminar solos por la ciudad.

Fue a la casa de Jaques y trató de hablar con Geni. Ella, besándola y ciñéndola por la cintura, la llevó a su habitación.

- Mira, Geni, te traigo algo aquí para que la guardes contigo. Tómalo, no quiero historias conmigo. Esta noche casi ni dormí, asustada.

Sorprendida al ver la medalla que Matilde había confiado a Rosalia, preguntó a Geni, mirando y remirando la joya:

- ¿Cómo conseguiste esto?

- Fue Roberto quien me la dio para guardar, diciendo que era tuyo.

- Mío no, estás viendo que es de Matilde.

- Pues sí, pero como poco conozco a Matilde, te pido que se la entregues. No quiero conversaciones con ladrones toda la noche.

- Quédate tranquila. Puedes dejar el objeto en mi poder.

Y María se fue como quien se saca un peso de la conciencia.

IX

Geni se quedara estupefacta ante la imprevista aparición de la medalla en manos extrañas, pues viera a Matilde entregársela a la andrajosa mujer, que había aparecido presentada por su amado. Analizando los hechos, concluyó que había una artimaña preparada por su afecto de manera de obtener el retrato de su amiga. Este pensamiento tomó forma en su imaginación y la arrojó a la más desoladora aflicción, no solo por considerarse víctima de una deslealtad, sino por haber sido involucrada una ingenua criatura a quien la vinculaban los más sólidos lazos de íntima estima.

Se retiró a su habitación, donde se lanzó sobre su cama bañada en lágrimas sinceras de dolor infinito, frente a la doble indignación. Durante el día no se alimentó y por la noche ardía en fiebre devoradora, bajo violenta jaqueca.

Sus padres ignoraban la causa de su sufrimiento y le preguntaron la razón de su abatimiento, pero ella también fue reacia a revelar cosas que la comprometían, ya que su amor por Roberto era un secreto para sus progenitores. Para contarles la razón de su enfermedad, más moral que física, necesitaba revolver causas, que parecían remotas a los ojos paternos y, por lo tanto, se limitó a afirmar que su abatimiento tenía por origen una indisposición común.

Sin embargo, sus lágrimas y sollozos que necesitaba ocultar a sus amados progenitores, especialmente a su extremada madre, siempre solícita a desviarle cualquier razón de molestia y a la que le era doloroso ver a su hija marchitarse que saltaba a los ojos, en un disgusto que era misterioso por traducirse en lágrimas.

- ¿Por qué lloras, hija mía? - Le preguntó aprensiva la madre.

- No sé cómo explicar... quizás un penoso presentimiento.

- ¿Temes que Carlos sea guillotinado?

- Es una razón para hacerme sucumbir.

- No tienes razón, cuando ves el ejemplo de tus padres, que confían en la justicia divina.

- Oh, madre, la justicia divina está muy lejos de mí.

- No blasfemes, hija, no aumente tu amargura. Cree en Dios y espera.

- Qué hacer, sino confiar... pero deja que mis ojos resuman el llanto, que eso me hace muy bien, tanto que me deja aliviada.

- Pues llora, hija mía, si eso te agrada.

Y otras prácticas se daban más o menos envolviendo esa extraña enfermedad a los ojos de los padres de la joven enamorada.

Habiendo reflexionado madurado durante la noche, Gualtério en las primeras horas de la mañana salió de casa y se dirigió a la Rua Chanterême.

Tocando a la puerta del departamento de Henrique Portier, se le permitió la entrada a la sala de visitas franquiciada, donde solicitaba la presencia de la cabeza de la familia..

La que lo recibió fue Margarita, a quien se hizo anunciar como una persona que tenía grandes intereses a tratar sobre asunto, que consideraba de graves consecuencias. Luego le pidió a la señora que lo dejara a solas con su esposo, porque ella, a través de él, quedaría después al corriente de la esencia del objeto versado, para su gobierno y tranquilidad.

Pasaron unos momentos cuando Henrique entraba en la sala, retirando a la esposa sospechosa.

Con un saludo de la cabeza al desconocido, Gualtério todavía de pie, se acercó y extendió la mano al padre de Matilde en un delicado apretón, diciendo:

- Sé que es la mano de un hombre honorable que vengo a estrechar.

- Así estoy orgulloso de ser. ¿A quién le debo la distinción de la visita?

- A otro hombre de bien. Soy Gualtério d'Armont de Corday.

- Ya lo conocía por tradición. Jaques Desmoulins me cuenta de usted con entusiasmo de admiración por su talento y la nobleza de su personalidad.

- Mi amigo Jaques exagera sobre el primer predicado, no renunciando aun a las alabanzas para el segundo, y es dar fe que aquí vengo a robar algunos momentos de precisa atención.

- Pues puede disponer de mi absoluta bienvenida.

Los dos hombres se sentaron uno frente al otro.

- Usted tiene una hija de nombre Matilde, y tengo un hijo cuyo nombre es Roberto. Su heredera ennoblece su hogar, el mío degrada mi casa. En resumen: su hija es un patrón de virtudes; mi hijo un demonio de perdición - dijo seriamente el visitante.

- ¿Qué punto de contacto puede existir en estas comparaciones?.

- Es exactamente eso que es el objeto de mi visita a su hogar. Parece que entre dos criaturas tan extremadamente extremas por las cualidades no debería haber contacto, como inteligentemente adelantó usted. Sin embargo, hay entre ambos una aproximación a la cual es oportuno levantar un muro insuperable, en aras de, por su lado, salvar la pureza de su hija, ya que, por otro lado, la de mi hijo, esto lo forzaré para adquirir y venerar aunque tenga que estrangularlo yo mismo antes que me desobedezca.

- Creo que hay un error de tu parte. No hay nada en común entre nuestros hijos.

- Creo que usted ha sido engañado, y que ya lo asumía por el honor de sus nobles escrúpulos.

- Me asustan sus palabras. Quisiera que fuese más claro...

- Hay un entendimiento de amores entre nuestros hijos.

- Usted está equivocado, mi querido señor. Mi hija es novia de Carlos Desmoulins.

- Sabía que hace meses que este noble caballero tenía el corazón de su hija, pero hago un deber de lealtad revelándole que mi hijo logró insinuarse, quizás por artes diabólicas, de manera de alejar al antiguo pretendiente de las gracias de loa Srta. Matilde y tomarlas para sí con éxito.

- Puedo asegurarle que hay un error manifiesto en su ánimo.

- Le pido perdón por contradecirlo y lo hago con lágrimas en la voz y agonías muy dolorosas en el corazón.

- ¿Quien lo convenció de las sospechas de las que me habla?

- Una carta de su propia hija.

- Renuevo mis dudas. Cartas, si Matilde las escribiera, serían para Carlos; pero ni siquiera está permitido, porque su prometido está incomunicado.

- Aquí le ofrezco la prueba que su hija se corresponde con alguien, que no es su prometido.

Y le entregó a Henrique la carta ya conocida.

El interlocutor la tomó con menos interés del que sería suponer, debido a la confianza depositada en su hija.

Leyó y le preguntó a quién la habían dirigido.

- A Roberto, tanto así que la carta me fue dada por el propio Carlos.

- Pero aquí no está el nombre de su hijo.

- Lea esta otra.

Y presentó la que Carlos le dirigido.

Terminada la lectura, Henrique estaba pálido y preguntó:

- ¿Y el retrato mencionado en la carta?

- Mi hijo dijo que la señorita Matilde lo había retomado de sus manos.

- Es horrible lo que está pasando. No debo someter a Matilde a un interrogatorio en presencia suya, porque entiendo que su deber termina donde comienza el mío. Hay una línea divisoria entre nuestras responsabilidades.

- Tiene razón hasta cierto punto, pero quería ver extintas las posibilidades de una continuidad de las relaciones entre los dos jóvenes. ¿Qué pensará su hija?

- Prometo informarle sobre el punto al que va a llegar mi investigación, y lo haré consciente a la brevedad.

- Estamos de acuerdo. Mi casa, que queda siendo la suya, está en la Rua Rivoli n. 28.

Y después de un fuerte apretón de manos, los dos hombres se separaron.

Casi simultáneamente, Roberto le preguntaba a María si el retrato estaba en un lugar seguro.

Sí, sí. ¿No dijiste que Geni te había entregado la medalla?

- Eso dije.

- Pues fui a llevársela.

- ¿Qué hiciste, loca? - Le preguntó al hermano aun más aterrorizado con la noticia, que complicaba infinitamente su situación.

- Es que no dormí en toda la noche. Cuando me dormía, soñaba con ladrones. Dios me libre de guardar eso. Parecía brujería. ¡Santo Dios!

- ¿Por qué no me lo diste? Lo hubiese depositado en otra parte.

- ¿Por qué querrías un retrato de Matilde? Ella no tiene nada contigo...

- No te metas en lo que no te importa.

- Entonces no me molestes, ¿entiendes?

Comenzaba a haber en esta chica casi una ojeriza por su hermano desde que percibió sus malas costumbres, su irreverencia por su padre, las diversas contradicciones que se establecían en el hogar, y le entonces su indisposición para acogerlo en el afecto que se dispensan los hermanos. Así vivía Roberto, divorciado de la simpatía de los tres miembros de su familia.

Su temor creció frente a la perspectiva de los acontecimientos del día anterior, en el que ahora Geni había quedado involucrada por culpa de la inexperta hermana. Dado que su propósito era simplemente vengarse de Carlos, Geni solo cómplice en el episodio, pero sin ningún significado en la responsabilidad, que a última hora pasaba a tener el inesperado pase de la medalla por sus manos. Ella había sido testigo de la entrada de la viejita en esa trama, fuera la intermediaria en su presentación a Matilde, e ignoraba el desenlace de los hechos. En este momento, ¿qué papel representaba él ante la joven? ¿Tendría que huir de ella, como escapaba de su padre? ¿Cómo reconciliarse con él y religar las puntas de una tela que se deshacía en pedazos, como un retablo artístico de un santo de cristal que se rompe y del que se pretende reunir los fragmentos para salvar el trabajo devoto e invaluable?

Sentado en un sillón, teniendo la cabeza descansando entre sus manos, vencido por la decepción, abrumado por una gran decepción, incluso maldijo el momento en que pensara en semejante trama y reconociendo su miseria moral, la mezquindad de sus sentimientos.

Se levantó con un impulso de cólera incontenida y gritó para sí mismo:

- ¡Soy un gran miserable! Los dioses infernales son avispas que me remuerden.

El padre había entrado. Lo vi todavía en la angustia y preguntó por qué discutía.

- En morir - respondió agresivamente.

- Todavía es temprano. Para los indignos, la vida es el mayor castigo. Vive y amarga la esponja de hiel, que no es mejor que las otras, sino por el contrario.

- Pues la amargaré, así sea.

- Prepárate para seguir el viaje. No puedes continuar viviendo en una tierra, en cuyo pasaje has dejado bajo tus pasos, el rastro de tu veneno. Porque eso poco valor tendría, se igualmente no arrastrases en el lodo mi honor.

- Exageras, padre. Solo soy un criminal, si es un crimen amar, porque volví los ojos a una criatura que no te agrada.

- Que te prohibí acercarte, y que sedujiste... cuya alma envenenaste.

- Te equivocas....

- ¡Silencio! ¡No más palabras! Ya te dije que dejaremos esta ciudad para no aumentar la serie de vergüenzas a las que fui arrastrado por un hijo degenerado, por un reconocido canalla. Nos iremos dentro de dos días a Argenta, en Orne, quedándose en París solamente Pedro, al servicio de la Convención.

- Si así lo determinas, padre, obedezco.

Esta rápida noticia no dejó de traer al espíritu de Roberto tal o cual alivio, porque venía a resolver el problema al que sus reflexiones hacía pocos momentos se entregaban, sin encontrar una puerta de salida. Fuera de París se salvarían de los vejámenes a los que estaría sujeto frente a personas frente a las cuales había quedado incompatibilizado, incluido Carlos, que continúa viviendo, aunque la promesa de Robespierre de hacerlo desaparecer, lo que podría fallar.

Almorzó con un mejor apetito y disfrutó de un paseo de despedida a través de las alamedas visitadas por los transeúntes vagabundos.

Aunque completamente emancipado del espíritu de malentendida curiosidad, y del hábito de espiar detrás de las cortinas, Margarita quería escuchar la entrevista de Gualtério para mejor estereotipar todas las palabras del diálogo, lo que podría dejar escapar de un detalle interesante y precioso, tanto más más cuando no se trataba de un asunto reservado e inaccesible a su conocimiento, pues fuera el visitante que le adelantara que ella sabría de todo por medio del marido. Por eso, pudo escuchar, sentada en el interior de una habitación anexa a la sala de visitas, toda la conversación entre los dos hombres.

Cuando Gualtério se retiró, Henrique le mostró las dos cartas, la única parte de la conferencia, la más esencial, a la que su esposa era ajena.

Las leyó con asombro y sintió que se le congelaba la sangre en las venas. Repitió la lectura para convencerse que no estaba engañada y, después de reflexionar, mirando al esposo, que permaneció abstracto, como si estuviera petrificado por el dolor, al igual que la estatua de Niobe, se pronunció por la solución para llamar a su hija y darle la clave del misterio.

Eso es lo que hicieron.

Matilde asistió al llamado y escuchó la exposición del hecho inusual, ante el cual también se mostró sorprendida.

- Esta carta – dijo ella –, fue dirigida en un sobre cerrado a Carlos. Fue él quien me pidió el retrato. Hay un testigo de entrega, si mi conciencia no fuese suficiente: es Geni.

Y comenzó a narrar minuciosamente el episodio, en el que colaboró a la anciana Rosalia.

El final de la exposición fue una desahogo, que culminó con ver a los tres enredados en el más amoroso amplexo, como buscando simultáneamente en el calor del seno la energía dispersa en los sustos que atravesaron. Recordaba la imagen, las que a veces observamos en la plataforma, cuando, después de grandes lances peligrosos - y este no era menos -, los personajes triunfan y consiguen la armonía, traducida por abrazos recíprocos y expansiones de alegría.

Pero faltaba saber qué había pasado con la medalla de Matilde, y eso no era una cuestión de algo menos importante. La evidencia más fuerte denunciaba a Roberto como el detentor de la joya. Henrique había quedado en buscar a Gualtério para aclarar el resultado de su investigación con su hija, y decidió buscar a ese caballero, especialmente porque era necesario descubrir un objeto, que no podría ser el juguete de caprichos y tal vez infamias y falta de respeto. Se dirigió a casa de Gualtério, acompañado de Matilde, que deseaba ir a ver a Geni, a quien necesitaba revelar la desfachatez de Roberto, mostrándole aun una vez más el peligro de perseverar en el mantenimiento de una amistad para todos los títulos perniciosa.

Y ambos llegaron a sus destinos.

La llegada de Henrique fue una razón para que Gualtério redoblase su concepto de aquel, en virtud de la rapidez con la que acudió a limpiar las manchas, que querían enlodar su reputación.

La aclaración de Matilde llegó a traer nueva luz a la cuestión, quedando demostrado para el padre de Roberto cuan grande era la indignidad del hijo, cuya corrupción se incrementara por el descaro con el actuara en materia tan respetable.

En cuanto al retrato, nada podría saberse sin el regreso de Roberto, que parecía haber mentido.

- La mayor satisfacción que podría darte en rescate, aunque exiguo, del mal que involuntariamente llevé a la paz de su hogar, es el de retirarme de París. Voy al interior, donde intentaré conciliarme con el bucolismo de naturaleza la pestilencia de este palo que mi hijo me lanzó. Voy a esconderlo de la sociedad, evitándola de su contacto pernicioso.

- No tengo derecho a aconsejarle, a medida que le descubro, con creciente veneración, el alto y envidiable criterio con el que se gobierna. Aún, lamento profundamente que nuestra sociedad, condecorada de valores engañosos y por tanto carentes de normas de nobleza, que en ella disminuyen en un crescendo espantoso, se vea privada de uno más de los raros ejemplares en los que se podía dar forma a las virtudes antiguas.

- Estoy agradecido por los generosos estímulos con los que me favorece, y las guardo como aliento a desánimos con los que la suerte aun me quiera probar.

- Mis puertas continúan estando abierta al amigo, aun después de andar por largas plagas – finalizó Henrique, apretando la mano del interlocutor..

- No me iré antes de dar una solución definitiva sobre el objeto en demanda y sin darte el último abrazo de amigo, ahora permítame así llamarlo.

- Muy bien, es otro título de nobleza para agregar a su archivo. Nos vemos pronto.

Y se fue camino a su casa, donde la hija aun no había regresado.

✳ ✳ ✳

Su reunión con Geni fue una sorpresa, no tanto por encontrarla enferma, sino por saber que su medalla la mantuvo bajo custodia.

- Cómo lo siento, amiga mía, por verte todavía más infeliz que yo - así dijo Matilde.

- No era suficiente por su desprecio, faltaba la humillación.

- ¿Cuántas veces te aconsejé el buen camino?

- No pude seguirlo; ahora creo que seguiré el de la muerte, que tal vez sea más suave y tranquilo.

- No hables así, que también me haces sufrir. Quiero verte resucitada para una felicidad que te acecha y a la que escapas.

- Era eso lo que quería, pero ¿qué quieres? Una cobardía traicionera me envuelve y traba mis brazos para llevarme atada a las profundidades de la desgracia.

- Vamos, amiga mía, un movimiento de actividad. No quiero volver aquí mañana escuchando nuevos lamentos, de lo contrario, pierdes a tu compañera, que se verá disminuida en su esfuerzo. ¿O será que no te merezco la limosna de tu vida en la promesa de nuestra amistad?

- Te mereces todo de mí, no puedes dudar de eso. Escucha, aquí viene mi madre. ¡Silencio!

- Ve allí, Matilde, que a mi hija le dio por hacer mañas, fingiendo estar enferma. Llamaré a una sanadora para que le lea su suerte y decirle si esto no es un mal de ojo - dijo la buena dama después besar a la visitante.

- Eso afirmo lo que fue. Mal ojo de gente satánica - también respondió sonriendo a la hija de Margarita.

- A veces es de un hombre envidioso.

- No lo niego. ¿Usted cree en eso?

- Ahora si creo... he visto cosas...

- Inexplicables.

- ¿Quieres cuidar de esta insumisa a los medicamentos y otros recursos para levantarse de la cama?

- La tomo y le aseguro que la curaré con baños de ducha.

De esta cara, se rio Lucía gustosamente, retirándose enseguida al llamado de la criada.

Nuevamente a solas, comentó Geni:

- Te admiro la calma con la que sabes cómo mantener el buen humor.

- Es para darte el ejemplo. Veo amenazada la vida del hombre que más amo en el mundo, y no he perdido la parte de la esperanza por confiar en Dios. Ves suelto al infame – perdóname el arrebato –, el miserable que te oprime y te humilla, y te tiras a la cama, te privas de dormir, de alimentarte, de sonreír, de vivir, de resurgir en tu juventud. Si perdiera a mi prometido, me privaría de un tesoro, si vieras morir a ese buitre, estarías libre de un cataclismo. Sin embargo, sonrío y tú... te degradas, te sumes en una pocilga de podredumbres.

- Matilde - respondió la otra, tomándole las manos -, ten piedad de tu amiga.

Y desató el llanto más amargo.

- ¿Entonces? ¿Me pagas con lágrimas el cielo que quiero desentrañarte? ¿Me das como premio a mi buena voluntad para salvarte lanzándote al desánimo de los sollozos?

- No sé cómo superar mi dolor, pero te juro que jamás podré recompensar tu infinita estima. Cuando te vayas, lleva contigo el compromiso de regresar mañana. Mira, tus santas palabras están teniendo efecto en mi corazón. Ves, mi ángel, ya no lloro.

Y comenzó a sonreír.

✳ ✳ ✳

La promesa de Robespierre debía cumplirse con la ejecución del prometido de Matilde en el patíbulo.

Advertido de estar sentenciado a la pena máxima, el infeliz mancebo murmuró para sí mismo:

- ¿De qué me vale la vida ahora que ella ha perdido la razón de ser para mí?

Y se resignó a morir como una afrenta al malvado destino.

Todo había sido preparado para el fatal momento, estando el verdugo avisado para la ejecución, que se llevaría a cabo a las 5 de la mañana del día siguiente, en el cadalso de Montfaucon.

La triste noticia llegó a conocimiento de Gualtério a través del mismo andrajoso que llevara la carta de Carlos, y que, habiendo ido a la cárcel para buscar su pipa olvidada allí, tuvo ocasión de saber por el guardia que el *joven guapo*, como era conocido allí, iba a subir al cadalso al siguiente amanecer. Y es que el sujeto quería algunos francos de gratificación y de hecho recibió dos luises *pour boire* (para matar al animal).

El buen amigo de Jaques corrió a avisarle, a Henrique Portier, la triste novedad, que llenó de consternación a todos y causó grandes crisis de lágrimas en Geni y Matilde, que quedó desmayada durante mucho tiempo.

Roberto también supiera en la víspera, en la noche, por boca de Robespierre y, además de callarse, había estado ausente de casa y pernoctara fuera por temor a alguna una mayor explosión de odio de su padre, cuando viniese a conocer la desgracia.

Para la madrugada siguiente, poco movimiento había en la plaza de la Villette cuando llegaron algunos carruajes que conducían a las cuatro familias íntimas, todas vestidas de luto y demostrándolo en las fisonomías abatidísimas.

En los primeros albores de la mañana, aparecía Carlos escoltado por gendarmes, que lo entregaron al ejecutor de la pena. El joven, pálido y cadaverizado, más por el disgusto de la imaginaria traición de la novia que la idea de morir, caminaba con ojos bajos y taciturnos.

Lentamente subió los escalones del patíbulo y ni siquiera quería recorrer con la mirada a través de la plaza para olvidar que aun vivía.

La tristeza de los presentes era mucho mayor por ver que no podían ir al encuentro del joven desafortunado, al menos para decirle que moría amado por la que él sospechaba que ya no era su novia, y este pensamiento castigó amargamente el corazón de

Matilde, que no pudiendo soportar el siniestro espectáculo, cayó sin sentido en la almohada del carruaje.

Ya en la parte superior del patíbulo, el joven poeta cerró los ojos y esperó el cuchillo.

Era una escena dantesca que se ofrecía a sus amigos y familiares, que él ignoraba que estaban allí, incluida aquella lo amaba sinceramente, como presente estaba su hermano Camilo, un hombre de la situación y; sin embargo, impotente para desviar un golpe vibrado de uno de sus correligionarios políticos.

Se verificaba, una vez más, la desorientación reinante entre ellos, que deberían establecer una armonía de puntos de vista para el triunfo de las ideas de Libertad, Igualdad y Fraternidad, puestas falsamente como divisa en la bandera de Francia, pero nunca observada en la práctica.

En el alma de Carlos había entrado el hierro candente de una agonía atroz. El muchacho confiara siempre en la sinceridad de un amor, que se le ofreciera espontáneo y virginal en un corazón infantil, liberado de los desvíos envenenados por alteraciones mundanas, obedientes a cálculos y prejuicios.

En el corazón de Matilde, ardía la llama del afecto arraigado y ahora manchado por la duda de su amado en el grave momento en que partiría del mundo, degradada por una traición y herido horriblemente por la calumnia. En su último momento de vida, en lugar de bendecir su nombre, tal vez podría maldecirlo, tal vez le dirigiese los más grandes insultos a su dignidad, a su constancia.

Cuando el verdugo iba a mover la máquina de la muerte para cortar la cabeza del hijo de Jaques, se escuchó un fuerte grito en la plaza ordenándole que detuviera la ejecución por orden de Robespierre, fue el grito de un hombre que llegó allí sacudiendo un papel en su mano y mostrándolo al ejecutor: era Alexandre.

El verdugo descendió los pasos y recibió del mensajero inesperado la orden escrita. Lo leyó y la entregó a Carlos para viese el indulto.

* * *

La influencia de Alexandre en el ejército francés se acentuara debido especialmente a sus cualidades morales, su ardor belicoso, su culta inteligencia y muchos otros predicados que lo hicieron querido de Napoleón Bonaparte, en ese momento todavía Capitán, en ejercicio en Toulon y que de allí a un año sería ascendido a General de Brigada en la famosa campaña de Italia.

La amistad que lo vinculaba al actual Capitán de artillería al gran cabo de guerra le permitió recibir ayuda de los miembros de la Comisión de Salvación Pública, de la cual formaban parte de Danton, Marat y Robespierre.

Además, venía de conquistar los laureles de la victoria en la Batalla de Valmy.[14]

Amigo particular de Camilo Desmoulins y su hermano Carlos, Alexandre se había prometido a sí mismo interesarse en su liberación desde antes de consumados los deseos de Robespierre. Habiendo regresado a Toulon especialmente para eso, expuso a Napoleón su pretensión y obtuvo inmediatamente una larga carta en la que el famoso apóstol de la libertad luchaba con empeño por la libertad de Carlos, carta que Alexandre llevó personalmente al déspota, haciéndolo erguirse del lecho por la madrugada del día fatal.

El célebre revolucionario, leyendo el nombre de quien lo firmaba, respondió entre dientes, ocultando un cierto despecho:

- Viniste bien escudado, Sr. Capitán. Puede llevar la orden para liberar a su protegido. Pero ve corriendo antes que libere a un cadáver.

---

[14] Combate en el Marne contra los prusianos, en el que tomaron parte activa los Generales Dumourlez y Kellermann terminando el 20 de septiembre, precisamente en vísperas de la proclamación de la República Francesa. Por actos de valentía, Alexandre conquistó los galones de Capitán de artillería.

Y rápidamente escribió algunas líneas que autorizaban al encargado de las prisiones a suspender la orden de ejecución de la víctima de Roberto Corday.

Bajando del patíbulo, Carlos divisara a su gran amigo, pero en su corazón se habían estancado las palpitaciones de júbilo. ¿De qué le serviría la vida sin Matilde? - Pensó.

Caminó dolorosamente, más abrumado que cuando había subido los escalones del cadalso. Abrazó a Alexandre entre sollozos y le dijo:

- Viniste, querido amigo, para resucitar a un hombre que ya estaba muerto antes de subir al cadalso. Hay otro patíbulo que me espera en el mundo.

- Explícate; ¿o perdiste la cabeza?

En ese momento, se acercaban los familiares tratando de tomarlo en sus brazos, pero aquellos a quienes se entregó preferiblemente fueron los de sus padres y su hermana. Los otros espectadores de la escena estaban a una corta distancia.

Dadas las explicaciones del incidente de la falsa carta de Roberto, Carlos vibró un grito de alegría salvaje y corrió donde estaba Matilde, que todavía se encontraba desmayada en el coche. La levantó con ímpetus de locura en los brazos, la apretó contra su pecho, hasta que sus ojos se abrieron y lo miraron como asustada por la aparición.

- ¿Eres tú, mi Carlos? ¿Renaces para nuestro amor?

- Sí querido. Perdóname por haber sospechado del ángel, que ahora me resucita más santificado a la felicidad eterna.

Era el 23 de noviembre del 92.

Matilde cumplía 18 años y medio, cuando Carlos Desmoulins entraba a formar parte más íntima de la familia Portier como yerno de la pareja y número complementario de la otra.

La hermosa novia del poeta se convirtió en una esposa e musa inspiradora de poemas, que posiblemente deberían comenzar a emerger a la luz antes de un año.

Esto es lo que, en un brindis humorístico y malicioso, Alexandre, padrino de los novios, le dijo a Carlos en medio de las agradecidas expansiones de la justificada alegría, a la que no faltaron amigos dedicados para llenar la casa de Henrique Portier.

- ¿Cómo conseguirás - Alexandre, le preguntó a Carlos -, para que produzca poemas cuando algún día te cases si no eres poeta?

- Ah, amigo mío, los haré en prosa chilra.

Y en este tono de jovialidad, tuvo lugar la fiesta nupcial.

X

Comenzaba el año 93, en el que se incrementaba la ola de sangre, que se extendió a través de Francia como un amplio río de rojos colores, justificando el tiempo del terror.

Se pisaba un piso de brasa, se vivía bajo la presión de terrible angustia, como si el pueblo estuviese dentro del infierno descrito por Dante, sumergiéndose en el pez ardiente o en el plomo derretido.

La casa de Camilo estaba llena de amigos políticos y de otros, que llevaban allí los aplausos por su actitud realmente honesta de libertador progresista, sincero y ansioso por traer a su país prosperidad y armonía.

En una de estas veladas encontraremos a Alexandre Ducos, que había regresado con permiso de Toulon, Carlos y su esposa, Jaques y sus hijos.

Buscaremos saber qué hacen los novios, no diré al lector de ceño fruncido y senil, pero a la lectora agradable y joven prefiere andar espiando.

Las dos amigas inseparables Matilde y Geni están sentadas y dicen cosas banales como estas:

- Ya van seis meses y parecieras perder peso con la pérdida de aquel que te desgarraba el camino.

- No me recuerdes eso si me quieres bien. Todavía tengo la herida abierta, porque mucho lo amé.

- Mira, si te digo esto es por ver que allí está quien puede convertir tu existencia en un paraíso. Te va a encontrar más delgada, eso sí.

- No bromees con fuego.

- Ya no me puedo quemar.

- Lo sé bien. Pronto tendrás un angelito para entretenerte.

- Y eso me llenará de cuidados.

- Ojalá que nazca cuando mi madre esté completamente restablecida para llevarlo a la pía bautismal. Ella está siendo víctima de frecuentes accesos de disnea. Hoy pudo venir aquí, pero mañana tal vez pase el día angustiada.

- Molestias del corazón... se agotó con movimientos de bondad... aquí viene tu cariño.

Fue Alexandre quien se acercaba.

- Secretos virginales, señorita Geni, no deben ser violados – dijo al sonreír el amable amigo, curvándose en un rasgo de delicadeza y conservándose un poco aislado.

- Son secretos tontos. Puedes escucharlos - señaló Matilde.

- Estoy un poco afectado por verme entre los ángeles - respondió el muchacho adelantándose.

- Puse acostúmbrese a la voluntad y no recele romper las alas de Geni, que a mí ya me faltan esos apéndices. Ya no necesito volar más.

- ¿Estás alegre, eh? Tienes razón de estarlo. Yo quisiera saber contar las vibraciones de ese corazoncito, que nunca ha de terminar su luna de miel. Habría que perderse en el vértigo del número.

- Siempre galanteador.

- Allí llega tu esposo. Le entrego el monopolio de los galanteos y me releve de haber bromeado un poco contigo, ¿sí?

- Muy bien - dijo él llegando al hermoso grupo -; veo que no se olvidan. Conversen, conversen - dijo dirigiéndose a Alexandre y Geni.

Y se separó a un lado, dejando sentados al amigo y la hermana, a quien el joven militar continuó mostrando su verbosidad por este contenido:

- No podré ser discreto en cosas que me hablan de los sentimientos íntimos de atracción. Me gustaría saber si ya se ha reconciliado con la felicidad.

- Desconozco la felicidad para tener un criterio sobre este espejismo de tantos, que mientras tanto nunca me visitó.

- Sería interesante saber si es ella quien se esconde, o si es usted quien huye de ella.

- Si no la veo, ¿cómo huir de ella?

- De que la vio, sí, la ve y huye.

- ¿Dónde y cuándo?

- Aquí y ahora.

Hay agonías que no necesitan aliviarse, lágrimas que no se pueden retener, dolores demasiado pungentes que el corazón no logra soportar y se desbordan como una cascada de agua por un despeñadero. Si no fuera así, huye la razón, la sangre se congela, la vida en sí se extingue. Es el caos, es el horror del vacío, la alucinación del infierno, el sumergirse en la hediondez del Érebo infernal.

Fue en un estado del alma así como Geni escuchaba el dulce idilio romántico del joven cortejador, que llegaba a ser ese momento de desaliento, el mediador plástico de la dicha.

Se ha dicho que el amor es un misterio, un absurdo, una esfinge, y para confirmar todos estas hipérboles allí tenemos el caso de Geni.

Ella es la perfecta negación de la psicología común, un desmentido formal de los hechos experimentales, en el que el amor es una virtud no transferible, como las invitaciones nominales para la diversión social.

Esto no quiere decir que ella amase a Alexandre de inmediato, digámoslo en el bono de la verdad, que en el dicho del máximo poeta latino, depende la vida. En Geni todavía se "reconocía las huellas de la antigua llama."[15]

Aun resonaban en sus oídos los prudentes consejos de Matilde para ponerse de pie en su dignidad, y este esfuerzo allí lo estaba poniendo en práctica con denuedo, heroísmo, he aquí el caso expuesto en su máxima expresión. Sálvense las apariencias tomadas en el mal sentido, quizás sin vergüenza, de la inconsistencia y que los quejosos detractores de la fisonomía de los hechos.

La inmaculada blancura de su carácter no padecía peligro de manchas, ni su conciencia sería vilipendiada, como no lo sería la inconsistencia de sentimientos. Solo el péndulo del corazón dudaba hacia el norte y hacia el sur, sin saber de qué lado iba a amanecer el sol para marcar el medio día de la alegría.

¿Pues ella podría seguir esperando algo de Roberto? ¿Aun lo extrañaría? El corazón enmudecía frente a estas consultas.

La esperanza nunca está en el camino con la nostalgia. Una camina hacia el futuro, la otra retrocede al pasado.

Esa era la inestable situación de la niña desde cuando el elegante mancebo suspirara:

- Aquí y ahora.

Quiere decir allí era viera la felicidad, y huía, era ahora que la felicidad allí llegaba, y esquiva mariposa siempre se escapaba.

- No huyas ahora – le repitió -, si no estás premeditando la fuga.

- Cuánto desearía ser amable...

---

[15] *Agnosco vestigia veteris flamma* – *La Eneida*, de Virgilio

- ¿Y no puedes? ¡Acaso me encuentras repulsivo!

- No, no es eso, cree en mi sinceridad. Simplemente no podría ofrecerte un corazón aireado de un... no sé cómo definir la infección que me molesta.

- Me está interesado tu franqueza. Habla más claro: ¿Sigues amando a Roberto?.

- Era una llama, que parece extinguirse – respondió en un largo suspiro, como si de él se escapase el último aliento animador de su encantamiento.

- Infeliz criatura, en realidad lo eres. ¿Cómo pudiste dejar que te involucrase esa víbora? Que, en verdad, un amor fatal, víbora es.

- Fue la fatalidad...

Y Geni recordaba las palabras de Gualtério.

- De todas maneras, ¿queda alguna esperanza de ese pasado?

Después de un esfuerzo supremo, respondió la joven firmemente:

- No.

Era la victoria absoluta sobre sí misma. Decir que el amor por Roberto era una llama que parecía extinguirse y responder negativamente en cuanto a las esperanzas del pasado, le correspondía de una vez desgarrar la hierba dañina del corazón. Lo hizo deliberadamente para contraer un compromiso con el joven militar y poder ver en él el amable auxiliar en la rehabilitación de su antigua paz.

- ¿Será que puedo volver a mi puesto sabiendo que mi nombre será, de ahora en adelante, balbuceado en sus oraciones?

- Sí.

- ¿Que sus pensamientos se confundirán con los míos?

- Sí.

- ¿Qué más puede concederme para que me considere absolutamente dichoso?

La joven jadeante, tenía el corazón latiendo con violencia, miró detenidamente el rostro del investigador, los bajó después, se llevó las manos al pecho para mantener la ansiedad y murmuró como quien recita un salmo:

- Amor.

- Como se ve, respuestas telegráficas, mas la última culminó en la misma grandeza de su resumen, en la extensión de la propia síntesis.

Que amor en sí es solo una palabra, que concentra todas las expresiones humanas. Las páginas de un libro colosal, de un infolio infinito, si este elocuente vocablo no estuviese inscrito allí, no dirán nada. Un hombre y una mujer, hablando toda la vida sin pronunciar la palabra más santa, amar, es como si fueran mudos, como si no se conocieran, como si no vivieran. Sin este término, no habría lenguaje humano, sin amor en las prácticas sociales no descendería el Sol para iluminarnos el rostro, la Luna, no nos haría brillar la cabeza, las estrellas para reflejar, en cintilaciones, gemidos que para el alma eran desconocidas, suspiros que el seno ignorase, nostalgias que el corazón desconociese.

- Dijo todo lo que podía concederme, encantadora Geni - respondió Alexandre como una resurrección de esperanzas muertas.

- Sí, amor. ¿Qué más puedo ofrecerte de mi disminuido patrimonio? Créeme que me siento envejecida en la desgracia, que todavía no me había dorado la cabeza al Sol de las santas alegrías, de aquellas que descienden voluntariamente sobre tantos y que han sido para mí tan esquivas, en asociarme con aquellos contemplados con sus favores.

- Pesimismo inadecuado en labios tan tiernos.

- Pero espero encontrar el apoyo de tus brazos para llegar hasta donde fluctúa la felicidad.

- Te tendrá firmemente en mi pulso musculoso, hasta depositarla en el trono de mi corazón.

Y tomando las manos de Geni, las apretó con fuerza como en un pacto silencioso.

La reunión se disolvió.

* * *

Al otro día, Geni le comunicó a Matilde el establecimiento de su compromiso con el joven militar, y la abrazaba, diciéndole:

- A ti te pertenece por derecho el triunfo supremo de mi obra. Fuiste la hábil constructora que lo delineó, yo la modesta artífice a ejecutarla. Cuando un día me veas con el brazo en el de mi esposo... con mi esposo, oh, cómo estas palabras me traen un sabor de ambrosia...

- Continúa... cuando te vea del brazo de tu marido...

- Podrás afirmar: allí va un par coronado con guirnaldas de rosas, que tejí con mis manos. Yo fui quien les puso en sus brazos los trofeos de la victoria.

- Mira cómo ya estás saturada de poesía. Oh, el amor...

- No te digo nada; ya esta noche lo soñé. Tenía la transparencia diáfana de un ángel, pero no le diré eso para que no vaya a volar lejos.

Y así terminaron estas expansiones de tan delicioso sainete.

* * *

Las relaciones de Alexandre se hicieron más íntimas, pero con la familia de Jaques, con quien el compromiso de su hija tenía un carácter de fiesta por el placer que este acontecimiento representaba en el concepto de todos.

El bravo militar aumentaba la frecuencia de sus viajes a París para visitar a su elegida, cuyo amor brillaba y se manifestaba en afectos constantes.

Los sufrimientos de Lucía empeoraron, despertando cuidados y aprensiones funestas. La rodearon sollozando su esposo y los hijos, solidarios en la inmensa e irreparable amargura.

Entendiendo la gravedad de su situación, Lucía se lamentaba de asistir a la unión de su hija, pues el enlace no se podría realizar debido a un retraso motivado por razones de carácter militar. Alexandre tenía la intención de obtener su relevo a la región de París, y esperaba las órdenes de Napoleón, a cuyo servicio obedecía.

El mal de Lucía era considerado sin remedio, y el aneurisma la mató sin que ella tuviese tiempo para soltar un gemido.

Este desenlace originó el vacío en el hogar de Jaques, que se viera así privado de las caricias extremas de la bondadosa esposa. Le quedaba Geni, quien esperaba su consorcio en un momento oportuno.

Reinaba inmensa alegría en el corazón de Gaspar por ver a su hijo Alexandre al borde de vincularse con la familia de su gran amigo Jaques. Sin embargo, esta satisfacción fue obstaculizada por los sobresaltos de la nueva situación política, en las que colaboraba su otro hijo Juan, diputado girondino, que fue señalado, como sus camaradas de bancada, como insurgente contra la orientación de los jefes de la comuna, fundada el 10 de agosto del 92, y a la que se le dio el nombre de terroristas. Estaba en plena vigencia la época del terror.

Otra preocupación del pastor era haber notado en su esposa síntomas graves de desequilibrio mental, lo que se manifestaba con la manía que era perseguida por todos..

Estas manifestaciones de demencia se agravaron diariamente, teniendo algunos momentos de lucidez y calma, que le daban un respiro a sus desatinos.

Esto contribuyó a la intranquilidad de Gaspar, ya tan asediado por la incomodidad moral que lo perturbaban en sus ejercicios doctrinarios y le agotaron las energías físicas y mentales.

La pobre mujer tenía vistas fantásticas, sueños perturbados por apariciones de seres enemigos, que se le presentaban sangrientos, y decapitados, insultándola, clamando por venganza, transmitiendo un odio feroz.

Eran las víctimas de su pasado.

Ignorante de las leyes de vidas sucesivas, Gaspar confiaba en los médicos psiquiatras a la enferma, sin provecho o mejora sensible, además de las providenciales intermitencias pasajeras.

Eran terribles momentos de delirio, en los cuales la pobre energúmena a veces arremetía contra todos los que se le acercaban, incluso al esposo o los hijos, causando pánico a los niños recogidos en el orfanato, que ya estaban privados de su bondadosa ayuda. Entonces fue doloroso observar cómo estos inocentes, que antes se complacían en lanzarse a sus afectuosos brazos, ahora fueron los primeros en huir de ella como aterrorizados de una furia indomable.

A menudo ella, con los ojos muy abiertos, miraba a cualquier rincón, como si allí estuviera acorralado algún fantasma y clamaba:

- ¡Miren, ahí está él!

- ¿Él quién? - Le preguntaba el esposo con extrañeza.

- El sicario. Tiene una daga en la mano, quiere matarme.

Gaspar se acercaba al lugar, llevado automáticamente.

- Corrió hacia allí´- insistía las pobre enferma.

Y designaba otra parte de la habitación.

- Atrápalo, de lo contrario, el desgraciado me mata.

Estas alucinaciones, bien conocidas por aquellos que ya están familiarizados con los fenómenos de persecución *Post-Mortem*, y a los que llaman manía de persecución, no son raras y casi siempre terminan en la locura, sino en el suicidio.

Las de Catalina se renovaban a menudo, acabando por dejándola profundamente exhausta y desanimando al predicador evangélico.

Sus conceptos irreverentes fueron éstos:

- "Señor, yo vi un día la luz de la verdad en las páginas de oro de Jesús-Cristo. Los leí y me postré de rodillas para besar la Biblia. Allí estaba, lo había percibido, la salvación de las almas, el paraíso de los afligidos. Seguí los pasos del Maestro, salté las rocas, me lastimé en los bordes de las aristas de las piedras, escuché el insulto de las multitudes, ofrecí la cara a quien trató de abofetearme, el pecho a algunos que me trataron de amenazarme con la muerte, la vida a todos los que no me dejaban pasar. E hice todo, Dios mío, suponiendo haber merecido tu beneplácito, pero sin otro interés sino servirte, amarte y merecer tu amor. ¿Será Señor que me engañé? ¿Será que no tienes misericordia? ¿Será que viví engañado en la creencia que eras justo, magnánimo, equitativo?

Porque, después de tantos años de fe comprobada y constante apostolado, después de ver mi casa iluminada por una criatura, que fue toda la alegría que me enriqueció con tres hijos, que anduvo distribuyendo ósculos de amorosa misericordia a seres abandonados, dejaste que el demonio entrase aquí para dañar la obra que sospeché también era tuya, porque fue Tu hijo quien la recomendó en su Evangelio?

Distribuí su palabra a los incrédulos y los malvados, los ricos y los pobres, y al final de este ministerio allí está la compañera de tantos años perdida en la inteligencia, aniquilada en la actividad, sucumbiendo en la tranquilidad, sacrificada en la salud.

Ves bien que vacilo, que sufro con tu silencio, con tu indiferencia. ¿Cómo puedes ser cruel con aquellos que te dieron todo de sus corazones a aquellos que no tenían nada, y ahora que lo tengo vacío, cuando allá se me fueron todas las fuerzas, la sangre, el vigor de la juventud, me dejas perdido en el desierto del camino como un beduino que no sabe dónde matar la sed, dónde encontrar un oasis al que recogerse del quemante calor?"

Y se arrojó al suelo llorando convulsivamente, porque tuvo como respuesta el silencio sepulcral. Y así continuó, revolcándose por el suelo solo rasgar su cabello endurecido y a jalar los hilos de la barba, que comenzaba a ponerse blanca.

- Y enmudeces, Dios ingrato, y no te das cuenta que ni siquiera tengo un Cirineo para que desde aquí me levante después de esta primera caída. Viste que nunca había caído, que al Cristo le faltó fuerzas para cargar la cruz, cuando a mí me sobró la energía de la palabra y el vigor potencial para dominar multitudes.

¿Y no quieres ayudarme?

En ese momento, Catalina entró con los ojos cerrados, como un duende marchando solemnemente, y aquedándose en la puerta, dijo:

- ¡Basta de blasfemias, simplemente mortal, que eres! Cállate y comprende lo que es la misericordia, la justicia y la magnanimidad.

¿Qué esperas? ¿El premio aquí? ¡Necio! Aun no llegó el momento de recibir tu salario. ¡Muy apresurado artífice que eres!

Camina, continúa la jornada, no mires hacia atrás. Si tienes los pies sangrando, cúralos con tus propias lágrimas; si la fiebre te calcina el cuerpo, todavía es con tu llanto que la harás ceder. Siempre lágrimas, siempre cruel sufrimiento, ¿entendiste?

Hacia adelante, hijo mío, que ya mucho has caminado y aun tendrás que caminar. ¡Oh, como eres un niño para juzgar lo que ya habías hecho justicia a las gracias del Señor! Él todavía espera mucho de tu esfuerzo.

¿No viste por cuántos caminos anduvo el Divino Maestro sin alcanzar sino las espinas con las que lo coronaron? ¿Cómo quieres, insignificante gusano, recibir guirnaldas de flores?

Para terminar, te diré todavía: pediste un Cirineo; aquí estoy para ayudarte a levantar la cruz.

Levántate y sigue tu itinerario hasta el final del camino, que se dirige al Calvario, y ve diciendo por el camino a tus hermanos, que sepan vencer triunfantes los obstáculos de la vida transitoria.

Y allí, mi pobre hijo, que se acaba el martirio.

Y señalaba hacia arriba.

Cayendo al suelo, como si tuviese un delirio, Catalina abrió los ojos como quien despierta de un sueño magnético, y miró sorprendida a su esposo, que no menos admirado se había mantenido durante el inquietante mensaje celestial.

Y continuó contemplando boquiabierto a la mujer, que al menos tuviera consciencia del papel que desempeñara, y que se conservaba absolutamente tranquila.

- ¿Sientes algo? - Le preguntó a Gaspar, temiendo algún reparo o retorno a los consejos originados en el plano invisible.

- No; me encuentro muy bien dispuesta, bastante aliviada, gracias a Dios.

- Que bueno.

- ¿Por qué me miras así, asombrado?

- Es que me dijiste tantas palabras consoladoras... ¿no lo recuerdas?

- No, pues ¿te dije algo?

- Me diste consejos sobrenaturales.

- Es extraño, ya que estaba bien lejos de aquí y sentí un gran peso en mis ojos, un deseo de conciliar el sueño; perdí la noción de cosas, y luego me encontré cerca de ti. ¿Cómo fue eso?

- Lo ignoro, estoy como tú, en la misma inconsciencia.

- Es cierto que ya sabíamos de un caso idéntico, aprobado con una pequeña aquí acogida.

- Tienes razón, y que los médicos dijeron que era histerismo. Dormía y hablaba cosas que escapaban a su capacidad..

- Era sonámbula, tal como te acabas de revelar. Quizás eso te haga bien. Dios lo permite. Ya ahora tengo una mensajera del cielo, alabado sea el Señor.

Varios médicos habían afirmado que los viajes podrían influir en el organismo de la enferma, aconsejando a Gaspar que llevara a su esposa a Italia, donde se podría distraer viendo los viejos monumentos, las campiñas, los paisajes y recibir impresiones agradables al espíritu.

Como si hubieran pasado muchos días de calma y pareciese establecido una tregua, Gaspar planeó una excursión, lo que aprovecharía el paso para predicar su doctrina a través de las antiguas regiones de Licio. Verificando que hacía dos meses desde que su esposa mostraba mejoras y temía que sus visiones volviesen a obstaculizar sus propósitos, organizaron los detalles del viaje, y, después de despedirse de sus amigos, siguieron su viaje, dejando a su hijo Juan en el desempeño de sus obligaciones políticas. Se dirigió al mediodía de Francia a través del Mediterráneo, hacia Génova. Allí se detuvo el pastor unos días, dirigiéndose luego a Nápoles, escalando en Roma, Piza y Florencia, y llegando a Nápoles, donde permaneció esperando el milagro de la cura.

Los fenómenos de alienación mental regresaron con intermitencias, a veces serias, a veces benévolas, sin dejar esperanza de mejoría, ni provocando la desesperación absoluta en el ánimo de Gaspar.

Catalina continuaba viendo por todos lados fantasmas persiguiéndola inexorablemente, en una explosión de odio fulminante.

Con la publicación del decreto del 31 de mayo del 93, en el que todos los diputados girondinos fueron expulsados a Calvados, estaban en la leva Pedro Corday y Juan Ducos, hijo de Gaspar.

La comunicación de este incidente, conocida por el predicador evangélico, le trajo mayores disturbios, principalmente porque no podía ocultar la noticia, que había sido transmitida frente a Catalina, causando este profundo disgusto.

Dejándola confiada la divina misericordia y regresemos donde nos esperan nuevos martirios, que no se puede esperar algo más en esta existencia terrena.

XI

Privada de los cariños materiales y de la educación en el hogar, donde la infancia adquiere las nociones más elementales de la vida, Carlota Corday, la hija de Gualtério, educada en el Convento de Caen, tuvo frente a ella la libertad campestre de una existencia sin los frenos de los preconceptos reguladores del libre albedrío.

Era una joven alta, ligera y de cabello rubio, cejas marrones, ojos de gran dulzura, una nariz ligeramente pronunciada, el mentón algo ancho y despejada. Su voz infantil tenía un timbre particular (textual).

Louvet, escritor de la época, dijo así respecto a ella: "Vi a una chica alta, bien hecha, teniendo un aire de honestidad y gran valor, manteniendo una apariencia noble y en todo el reflejo de su cuerpo, una mezcla de dulzura y arrogancia, que denunciaban claramente su alma celeste."

Dotada de inteligencia inusual, con una tendencia profunda a la literatura y la filosofía, leía de preferencia los versos de su tío-abuelo Corneille y las obras de Plutarco, Tácito, Rousseau, Voltaire y el Abad Raynol.

No se daba a las prácticas religiosas, aunque educada en un convento, ni revelaba las características femeninas de su espíritu.

Vivía con una tía, Mme. Contolier de Brette-Ville-Gourville, con quien compartía los suspiros del aburrimiento de su soledad, demostrando la conformidad de su pobreza y no alimentando la esperanza de contraer matrimonio.

Sin embargo, todavía era una soñadora, un espíritu elevado a las fantasías del amor ideal y nutriendo amor a la libertad y al progreso, y por eso mismo no se desinteresaba del movimiento que se hacía alrededor de su tierra natal, aceptando estas palabras de Rousseau: "No seas fiel en el orden actual de la sociedad, sin dejar de notar que esta orden está sujeta a inevitables revoluciones, y que no es posible predecir o prevenir lo que está reservado a nuestros hijos. El grande se hace pequeño, el rico se hace pobre, el monarca se hace burgués. Nosotros nos aproximamos a un estado de crisis y del siglo de las revoluciones."

Leyendo los periódicos de la época, se convirtió en ardiente girondina y, como republicana, consideraba a Marat como el principal agente de la anarquía social, el autor de todos los crímenes, el agitador de todos los acuerdos, y entendía para sí misma que, muerto él, ciertamente volvería la paz y la libertad al seno de la nación.

La revolución del 31 de mayo al 2 de junio del 93, había hecho que los girondinos fueran expulsados a Calvados, pero allí continuaron con sus prédicas rojas, generando la exaltación y el fanatismo de Carlota.

Normandía se había sublevada el 31 de mayo por el verbo inflamado de Buzot, Salles, Pétion, Valaze, Barbaroux, Louvet y Wunfren, después de haber anunciado que marcharía en París con 60.000 normandos.

Carlota asistía a las reuniones del comité llamado *Asamblea Central de la Resistencia de la Oposición*, donde admiraba la locuacidad de los diputados girondinos.

Manteniendo la máxima confidencialidad sobre sus intenciones funestas, le escribió a su padre en Argentã, donde él se encontraba, diciendo que iría allí, para justificar su partida de Calvados, y llevarlo a la capital, llevando consigo una copia de *Biblia de los Fuertes*, de Plutarco. Al llegar allí, se alojó en el Hotel de la Providencia, en la calle Vieux-Augustins, el 11 de julio.

Marat habitaba en la Rua des Cordéliers n. 30, hoy calle de la Escuela de Medicina.

Seguidamente, la joven le escribió una carta al famoso republicano, así escrita (textual):

"Ciudadano:

Llegué de Caen. Su amor por la patria me hace presumir que conozca los infelices eventos de la Patria y la República. Me presentaré en su casa en una hora. Tenga la bondad de recibirme y concederme un momento de atención. Contribuiré al mismo tiempo para proporcionar servicio a Francia.

Carlota Corday."

No pudo ser atendida a esa hora y volvió a insistir dos veces más, hasta el día siguiente a las siete de la mañana, después de inauditos esfuerzos, por intermedio de Simona Evrand, amante de Marat, le dijo que tenía importantes revelaciones que hacer.

Transigiendo con su indiferencia a su visita, Marat, que se estaba duchando, por ser un hombre sin escrúpulos, ordenó a la joven que entrase en la habitación y allí mismo la recibió.

Carlota simuló denunciar algunos nombres de girondinos, que el déspota iba escribiendo y declarando de antemano que los decapitaría.

De repente, ella, que ya había escondido un cuchillo de cocina, la sacó de su capa y lo enterró en el pecho de Marat, atravesándole el pulmón, la aorta y el corazón.

El famoso revolucionario solo tuvo tiempo para exclamar:

- ¡Ayúdame, ayúdame, mi cara amiga!

La sangre brotó, cayendo en la habitación contigua. A los gritos del asesinado, acudieron todos, y mientras lo cargaban moribundo, pálida, pero perfectamente, tranquila Carlota fue esposada y sufrió el primer interrogatorio.

A las nueve en punto de la noche fue llevada a la abadía, siendo después transferida lo a "Conciergerie" y en los próximos dos días, domingo y lunes, se entregó a reparar su vestido desgarrado por la multitud, se hizo una nueva gorra del país y se vistió de luto hasta que fue al Tribunal Revolucionario, donde al día siguiente asistió al juicio.

Sujeta a interrogatorio, se mantuvo con la mayor presencia de espíritu, respondiendo con precisión las siguientes preguntas: (textual)...

¿Cuáles fueron las razones que te llevaron al asesinato de Marat?

- Sus crímenes. Era la bestia, que devoraba a todos los franceses.

- ¿Qué esperabas al matarlo?

- Traer la paz a mi país. Maté a un hombre para salvar a cien mil. Yo ya era republicana antes de la revolución, y nunca me faltaban energías.

- ¿Qué quieres decir con energía?

- Colocar el interés particular de lado y saber sacrificarse por la patria.

- ¿Quién le inspiró ese odio contra Marat?

- No necesitaba odiar a los demás. Mi odio era suficiente.

- ¿Esa resolución te fue sugerida?

- Se ejecuta mal lo que no fue concebido por uno mismo.

- ¿Crees haber matado a todos los Marats?

- Muerto este, tal vez los demás se amedrenten.

- ¿Desde cuándo se ha formado este propósito?

- Desde el 2 de junio, en el que los representantes del pueblo fueron arrestados.[16]

Después de una pregunta suplementaria, el presidente le preguntó:

---

[16] Los girondinos.

- ¿Qué respondes a esto?

- Nada, solo que triunfé.

El acusador Fouquier Tinville, tomando la palabra, le preguntó:

- Para un golpe tan seguro, ¿acaso te ejercitaste de antemano?

- ¡Oh! El defensor me toma por un asesino!

Tinville inclinó su cabeza humillado, y se hizo un profundo silencio en la Corte.

Querían darla por loca con la manifestarse intención de salvarla, tal fue la simpatía que su heroísmo provocó, pero la valerosa joven fue sentenciado a la pena capital por la guillotina.

Conducida a la cárcel, pasó a escribir una carta a su padre: (textual).

"Sr. D'Armont de Corday:

Rua del Balga-Argentã.

Perdóname, padre mío, por haber dispuesto de mi vida sin tu consentimiento. Vengué muchas víctimas inocentes, evité muchos desastres. El pueblo, un día, reconociendo su error, se regocijará porque han sido liberados de un tirano. Si traté de persuadirlo que iría a verlo, fue para mantener el incógnito, pero no me fue posible. En cualquier caso, encontrará defensores en Caen.

Adiós, mi querido papá. Te ruego me olvides, o más bien, regocíjate por mi suerte. Conoce a tu hija y sabe que un motivo reprobable no la podría guiar. Besa a mi hermana, que amo con todo mi corazón, así como a los otros parientes.

No olvides estos versos de Corneille:

"El crimen hace la vergüenza, no el cadalso."

Carlota."

En la mañana de la ejecución había caído un gran aguacero, pero cuando subió la condenada al patíbulo, brillaba el Sol, iluminando de lleno su rostro.

Poniéndose en posición para el sacrificio, le preguntó serenamente al verdugo:

- ¿Estoy bien así? (textual).

Y fue ejecutada ante una gran multitud, que fue acumulaba en la plaza de la Villete, después de lo cual, uno de los verdugos, llamado Legros, juzgando despertar el sentimiento popular, tomó la pálida y encantadora cabeza de Carlota y la abofeteó. Este brutal gesto produjo un grito de horror que vibró en la multitud en toda la plaza.

Relata la historia que en este momento que la cara de la decapitada se sonrojó, como si la indignación del último ultraje sobreviviese al suplicio.

El verdugo tuvo que responder a un proceso, y fue sentenciado a una rigurosa prisión.

La muerte de Carlota Corday, en mal grado su crimen llevada por un idealismo romántico, creó a su alrededor una aureola de admiración incluso dentro de la mentalidad, que le consagró páginas de heroico engrandecimiento, a la que no le faltó su exhibición del hecho en el teatro, donde fue representada una tragedia con su nombre, con el propio Lamartine, en una magnífica página literaria, creó una designación para su acto, llamándolo, el "ángel del asesinato."

La muerte de Marat era la consecuencia de un estado intolerable de cosas, en el que la vida se había vuelto insoportable, un peligro agravado por el pánico producido por el terror, que se asomaba a toda la población y la llevó a formar asociaciones de defensa, como el Club de los Negros, Club de los Federados, Club de las Damas, Club de los Imparciales, Club de los Carapaces de Lana, Club de los Jacobinos, Club de los Cordoeros. En el penúltimo prevalecía Robespierre, en el último Danton.

La gente se amargaba por los efectos de la disolución y la malversación de fondos, el fraude y las negociaciones venales, y vivían en la miseria más extrema.[17]

Alabamos en un historiador que informa que Danton recibió del rey 33000 escudos bajo el pretexto de indemnizarlo de su cargo de procurador del Chatelet, dos millones de francos por los gastos secretos de la Asamblea; 100000 libras tomadas de los fondos secretos del Ministerio de Justicia; los robos de diamantes de la corona, otros de Lacroix y algunos préstamos a Montasier, y, cuando fue interpelado, exclamó: "Sí, soy una meretriz, vendí mi cuerpo, pero salvé al mundo."

En el año anterior, Louis XVI, al contrario de la Constitución Civil, que prohibía la prerrogativa del gobierno absoluto, había buscado la intervención de naciones extranjeras para oponerse por las armas a una reacción decisiva, pero, al descubrirse sus planes secretos, fue arrestado en Varenes y obligado a jurar fidelidad a la

---

[17] Faltaba el pan, no había carbón y el jabón se estaba acabando. Los cabritos se vendían a 15 francos el arratel (16 onzas). Un anuncio de la Comuna estipulaba para cada boca una libra de carne durante tres días. La gente sigue haciendo *faire la queue* (haciendo la cola) - significa hacer fila uno detrás del otro y esperar su turno -, las puertas de las carnicerías y tabernas, esperando su turno para entrar. Se pasaban noches sin dormir esperando la oportunidad de entrar a la panadería. Hubo pocos robos. Se vivía en una abnegación sublime, en la probidad estoica. Los canallas y los hambrientos pasaban con la mirada baja ante los escaparates en el pabellón de la Igualdad. En el distrito Capuchinos un cartel decía: "Nunca más nos afeitaremos." Cada cuerda de leña costaba 400 francos. Se podía ver a individuos en las calles aserrando madera para sus camas. En invierno, porque las fuentes estaban congeladas, cada cubo de agua costaba 20 francos; todos querían ser aguadores. Un luis de oro valía 3.950 francos. Por un viaje en coche costaba 600 francos. Después de andar un día en un carruaje, se escuchan estos diálogos: - Cochero, ¿cuánto le debo? - 6000 libras. Una verdulera ganaba 600 francos. Un mendigo murmuraba: - Por caridad, denme una limosna, me faltan solo 230 libras para comprar unos zapatos. (Ver *Noventa y Tres*, de Vítor Hugo)

nueva forma de gobierno, que le quitaba la dinastía. Sin embargo, continuando con sus insurrecciones contra el nuevo estado de cosas, el 10 de agosto del 92 el palacio de las Tullerías fuera invadido y el rey fue llevado a la prisión del templo con su familia. Al ir a la Convención Nacional para responder a la demanda, fue sentenciado a muerte por 387 votos contra 334, y el 21 de enero del año siguiente, subía al cadalso y entregaba el cuello a la verdugo. A su vez, María Antonieta, intrigada por Mme. Motte y el Cardenal Rohan, ya estando irremediablemente perdida del roro concepto que el pueblo le tenía y habiendo ganado mayor odiosidad, fue también condenada a la pena máxima. Y el 16 de octubre del mismo año, descansando sobre un tablero y con las manos atadas por una cuerda, fue llevada a la fuerza para el desahogo de su pueblo.

La misma pena se impuso sumariamente a los girondinos el 31 de octubre, incluyéndose en el número a los personajes que más nos interesan: Juan Ducos y Pedro Corday, quien tomó parte sobresaliente en la bancada de la oposición.

El 31 de marzo del año siguiente, 94, Camilo Desmoulins es arrestado con Danton, posiblemente debido a su orientación política, que disgustó a Robespierre, y por intrigas de éste condenados ambos a ser decapitados. Es el caso que Camilo fundó en diciembre pasado el *Viejo Franciscano*, un periódico al principio protegido por Robespierre, pero finalmente lo hizo sospechar cuando sostuvo la política de Danton. De ahí la interrupción de aquello y la persecución, que culminó en la condena de ambos adversarios, subiendo al patíbulo el 5 de abril.

Pero, como la Justicia Divina no duerme, este mismo Robespierre pagó la pena del Talion porque también escalaba los pasos del cadalso el 27 de julio y entregaba la cabeza al verdugo, por el voto de la mayoría de sus correligionarios.

Camilo, antes de llegar a su último minuto, le dirigió a su esposa la siguiente carta, que es un modelo de sentimentalismo y gran amor: (textual).

"*Lucília:*

Mal acepto mis tormentos, creo que hay un Dios. Mi sangre alejará mis caídas, debilidades que son de la Humanidad. Lo que tengo de bueno, mis virtudes, mi amor por la libertad, Dios recompensará. He de volverte a ver[18] *un día, oh Lucília. Sensible como soy, la muerte que me libera de la vista de tantos crímenes, ¿será una infelicidad?*

Adiós, mi vida, mi alma, mi divinidad en la Tierra. Te dejo buenos amigos, todo lo que hay de criaturas virtuosas y sensibles.

Adiós, Lucília, mi Lucília, mi cara Lucília.

Adiós, Horacio, adiós padre mío.

Siento escapar delante de mí el río de la vida. Aun veo a Lucília, veo a mi amada. Mis manos vinculadas te abrazan y mi cabeza separada todavía descansa sobre ti los ojos muertos."

Cuando fue al camino del cadalso, le gritó a la multitud:

- ¡Pueblo, mira que matan a tus amigos! ¿Quién te llamó a la Bastilla? ¿Quién te dio la *cocarde*?[19] Soy Camilo Desmoulins.

Y este admirable y gran patriota murió trayendo en su mano un mechón del cabello de Lucília (textual).

La extremosa esposa se dirigió después a Robespierre una carta indignada, protestando contra la barbaridad del acto que, por lo tanto, es acusada de cómplice por el criminal y condenándola a morir ocho días después.

Su hijo Horacio retuvo el luto hasta que murió (textual).

Durante la revolución, se libraron las guerras civiles de la Vendeia, lo que costó el sacrificio de miles de víctimas.[20]

---

[18] Incuestionable convicción del encuentro de los espíritus en la vida más allá de la tumba.

[19] Lazo distintivo de los partidos políticos.

[20] La nobleza y el clero, en nombre de los príncipes monárquicos, sublevaran el oeste de Francia con una lucha encarnizada, en que se distinguieran Cathelineau, Charette, Stofflet, Lescure, Boncharnp, La Rochejaquelein, Elbée, como los principales dirigentes de la insurrección, que, después de haber conseguido algunos éxitos en Fontenay y en

XII

El vizconde y la Vizcondesa d'Alençon, nobles de alta linaje, vivían en Argenta, que era una parte sobresaliente de la Corte de Louis XVI, en la que el vizconde Armando de Nioac y su esposa Estela figuraban en las veladas y las reuniones aristocráticas de la realeza, siendo él gentilhombre de los más venerados entre los áulicos del rey.

En su juventud había sido comensal en los festivales de Luis XV, junto con Mme. Pompadour, la persona favorita del monarca francés, la cual mucho contribuyó para la guerra de los siete años y que costó cuarenta millones de francos a Francia, por sus locas prodigalidades.

Hombre de 40 años, obeso y picado de viruela, figura sin atractivos físicos de ninguna belleza, el vizconde era aun un diplomático de maneras gentiles y tenía el secreto de la seducción en el trato social, en el que su voz melodiosa imprimía la modalidad de la bondad.

La Vizcondesa Estela, por el contrario, era una joven de 23 años que retuvo el esplendor de gran hermosura, junto con la gracia y la malicia, mantenida en las sonrisas que enmarcaban su hermosa cara ovalada, de blancura opalina, coronado por cabello rubios e iluminados por dos ojos de laureles e iluminado por dos ojos azul claro y como dos faroles encendidos, para alentar el peligro constante de esa sonrisa en la pequeña boca de los labios del color de la amapola.

Saurnur, fue derrotado por Kléber, Marceau y sobre todo por Hoche, que logró pacificar por completo el país.

Viviendo en suntuoso palacete de Faustoso, rodeado por un gran parque de grandes proporciones, donde la comodidad estaba casada con lo pintoresco y lo romántico, vivían allí con algunos hijos, pues la naturaleza, cuando Estela tenía 18 años, los alegrara con una hija en los albores de su consorcio, para luego punirlos con arrebatársela, víctima de la angina, a los dos años de edad.

Dos meses después de ser instalado en esta ciudad, Gualtério y los suyos, no les fue difícil trabar relaciones de amistad con los d'Alençon, principalmente debido al genio expansivo de los nobles, que se acostumbraron a fiestas y veladas frecuentes, para aligerar sus horas en esa región privada de las diversiones sociales.

Raras fueron las reuniones a las que no asistieron Gualtério y sus hijos, habiéndose establecido una profunda aproximación entre Estela y María, que tenía 14 años. Desde luego, no dejó de impresionar de inmediato a Roberto, la figura seductora de la vizcondesa, cuya edad era la misma que la suya y que, como todos los demás, favorecía con su endiablada sonrisa.

En las constantes veladas donde se escuchaba buena música y donde se daban todos los vértigos del baile, Roberto no prescindió de la calidez de Estela, quien, dicho en su beneficio, nunca había sido tentada por malos pensamientos, tampoco faltara a los honestos deberes del matrimonio.

Con la más sincera ingenuidad, recibía los halagos del hijo de Gualtério, a quien conocemos atrevido y descarriado, permitiéndole una preferencia en los honores con los que acogía a sus invitados.

Si a veces ella huía en los brazos de otro bailarín, los celos lo picaban como un mordisco de avispa, y luego la desesperación y el entusiasmo para tomarla del rival con delicias, ceñirla contra su pecho y apretarla con bastante fuerza, como para resarcir el placer interrumpido, usurpado tiránicamente.

Luego comenzó a perseguirlo un deseo absurdo de posesión. Si su padre, por un lado, dominaba su voluntad, por el otro, era la Vizcondesa gobernada por su esposo.

¿Qué podría pensar él y querer que no fuese lo imposible?

Ni siquiera con el amor podría contar, que la joven Estela parecía una abstracta en este horizonte donde se había apagado la luz de la luna donde se bañaban los trovadores de baladas, cuando a las altas horas de la noche soplan en avenas suspiros a sus Julietas. Su Romeo era Armando de Nioac, a quien ella honraba con su fidelidad, que el amor no se puede garantizar que todavía estaba en efervescencia en los serenos volcanes de su corazón.

Al menos su nombre en esos alrededores había sido incluso respetado como de una dama que nunca había ofrecido al escándalo, aunque no le habían faltado candidatos para sus gracias, porque todos sabía delicadamente repeler.

Era un caso típico similar a esa condesa de Essex, a quien el mismo Roberto, hacía 200 años, rondara con miradas codiciosa y que el lector probablemente conozca si acaso leyó *Camino al Abismo*, del mismo insulso escriba de esta historia.

Si hubo beneficio en estas ilusiones de Roberto era hacerle olvidar la imagen de Matilde, quien durante mucho tiempo lo obsesionó.

De una vez que el viejo Gualtério le hizo una observación por las constante y exageradas atenciones por la Vizcondesa, tuvo el desplante de observar:

- Finjo alegrías para olvidar las que la fatalidad no me permitió experimentar.

Lo que es seguro es que la brasa todavía estaba encendida y él sentía delicioso placer por no verla extinta. Para esto, se daba el lujo de determinar cada vez más las exterioridades con las que a veces se dejan impresionar las almas desprevenidas, como las polillas sobre la luz. Se vestía con mayor elegancia, abrió una cuenta especial de perfumes y otra de flores, y se desvanecía en traer a la hermosa Estela, cada vez que la veía, un ramo de violetas, símbolo de la modestia. Ella, tímida, lo aceptaba sin malicia, la buena dama.

Pocas palabras más allá de las triviales se intercambiaron entre los dos jóvenes, cuando estaban solos, y nunca a través de ellos resucitaran deseos lúbricos los labios del muchacho enamorado, que temía cualquier repulsión de ese platonismo, en el que se complacía su reservada adoración.

Ella se le aparecía como una entidad superior para las pasiones subalternas y ganaba en su concepto la consideración de mujer a parte en la comunión de los cánticos vulgares de los galantes, cuyo corazón, de clavado de flechas, se parecía a fabricante de palillos.

Sin embargo, por eso mismo, se presentaba a sus ojos como una deidad olvidada entre los míseros mortales, magnificaba, como resultado del culto, la pasión.

Sin embargo, una vez, cuando le ofrecía en un rincón del salón su habitual ramo de violetas, balbuceó en voz baja:

- Las violetas ahora se están poniendo raquíticas, debido a la estación. Encontré un poco de amores-perfectos lindísimos, pero temí que se disgustase a recibirlos.

- ¿Por qué? - Preguntó ingenuamente.

- Porque son muy indiscretos. Llevan los secretos de quien los presenta.

Estela disimuló, y al ver a la hermana de Roberto allí cerca, la llamó y le dijo:

- Toma, María, este ramillete de violetas.

Y le dio el regalo del audaz muchacho.

Más grande no podría ser el despecho al dulce galanteador.

Y no bailó esa noche con Roberto, que vivió para rodearla como un hambriento que mendiga un pan.

Recogiéndose a la casa, Roberto vertió sinceras lágrimas. Luego sintió la grandeza del abismo que se le abría. Era horrible una existencia allí cerca de esa mujer tan divinamente seductora, casada, esquiva, y él a su vez esclavo de su padre.

Rumió todo lo que el cerebro más fecundo en el cálculo de operaciones puede concebir para encontrar un remedio a su situación, sin reflexionar nada en su mente. Todo estéril, el vacío, el silencio de la inspiración, la oscuridad de la idea.

Como una tangente absurda de la desesperación, ni la posibilidad de huir de allí, absurda porque esta solución le correspondía para abrirle una herida incurable en su seno. Sería preferible quedarse allí, ser repelido, al menos ser odiado por ella, siempre y cuando pudiera verla de vez en cuando, escuchar su voz, sentir el aroma de su aliento y; no obstante, morir sin escuchar una palabra de amor.

En su primer encuentro buscó la ocasión de hablarle y no lo consiguió. Llamó a María en su ayuda, diciéndole:

- Estela está de malas conmigo, María.

- ¿Por qué?

- No lo sé; pero quería pedirle perdón si acaso le dije algo que la lastimara.

- Pues voy a buscarla.

Y fue al encuentro de la Vizcondesa, sin decirle nada, pero llevándola junto a su hermano.

- Si están enojados, hagan las paces.

Y se alejó.

Siempre fue la traviesa María, aquella chica peligrosa.

- No podría estar tranquilo del todo con mi conciencia - dijo él con voz herida -, si la Vizcondesa rompiese su estima a quien nunca dejó de admirar sus honestas virtudes. Su desprecio, si no el odio, sería una mácula nublada en estas virtudes, y yo le suplico de rodillas que me exonere de una responsabilidad tan seria.

- Está perdonado, pero ya no me hable más de amores perfectos ni imperfectos.

- No hablaré, pero hagamos la reconciliación a través de una contradanza.

- Pues que se haga tu voluntad.

Y el descarriado muchacho esa noche la apretó contra el pecho, como nunca lo había hecho, sin pronunciar una sola palabra. Y tenía el heroísmo de ocultar la creciente pasión, pero era consolada con la unión de los cuerpos en las continuas noches de música y bailes de los amplios salones del Vizconde d'Alençon.

Un importante negocio de buques comerciales que hacían la travesía entre Marsella a Argelia, de vez en cuando requirió la presencia de Armando de Nioac a la oficina de la compañía, de la cual era jefe, y estaba ubicada en Marsella.

La correspondencia de la compañía lo absorbía por el volumen y la complicación, dejándolo a veces agotado y exhausto. Fue así que al cabo de seis meses de coexistencia con Roberto, cuando notó la distinción con la que había estado hasta ese momento, decidió proponerlo para ayudarlo en este asunto mediante un salario bastante remunerativo. La Vizcondesa, previamente escuchada, observando la actitud de respeto que el muchacho se impusiera, concordó en la propuesta, y Roberto fue contratado para el servicio, sin que su padre no le reclamase:

- Mucho juicio y mucho respeto, ¿escuchaste?

Inteligencia maleable y facilidad de aprensión fueran los atributos que llevaron a Armando a considerarse muy satisfecho con la elección del secretario. En un mes, el noble se dirigía al Mediterráneo, quedando suspendidas completamente sus reuniones festivas.

Ya no se le quedaba más a Roberto el contacto del cuerpo de la Vizcondesa en la calidez de los bailes, pero en compensación mucho más agradable, tenía la felicidad de verla diariamente y de escucharla, porque a propósito la hacía participar en las soluciones de algunos negocios más difíciles, alegando que ella tenía el derecho indeclinable de supervisar lo que era suyo. Estela era alabada con estos honores y siempre sonreía.

¡Oh, aquella sonrisa! Era un estilete agudo e inquisitorial, era como una provocación de una ondina, que trajese en la mano un puñal muy afilado, y él tenía que recibirlo, le gustaría que lo hiriese, que lo torturase, mientras tanto era forzado a enmudecer para que esa limosna de oro en brasa no se retrajese, fatigada por la generosidad, y le fuese negada.

Y así, pasaron dos meses de asidua perseverancia en esa lucha, hasta que un día sucumbió vencido.

Ella se le apareció como en un deslumbramiento de soles, vestida como un lirio, toda de blanco, sus ojos brillantes, su cabello revueltos, sus blancos dientes surgiendo en el borde de la boca, sus senos prominentes anunciando el cielo y el infierno en un consorcio macabro de apelaciones al amor pecaminoso.

Roberto sintió temblores y palpitaciones violentas del corazón acorralado como un tigre furioso. No podía escribir, tenía el alma sollozante, y derribó su rostro entre las manos en la posición de quien medita.

La Vizcondesa le preguntó qué le había pasado.

- Me veo obligado a ocultar un secreto, que solo revelaré a la tumba.

- ¿Un secreto que así rápidamente lo transfigura, que ayer parece, no lo molestaba?

- Hay una leyenda, mi señora, que puede explicar este fenómeno. ¿Quiere escucharla?

- La escucharé – concordó la joven, sentada más cerca del secretario.

Por los áridos y calcinantes caminos de Egipto caminaba un dromedario conducido por un beduino, transportando en su dorso cien paquetes llenos de dátiles. A mitad de camino del Sahara, como sobrecarga quisieron montar a una bailarina que venía de regreso de las fiestas que en Nubia se ofrecían a Quediva y que tría en la cabeza un turbante emplumado. En el momento de ser levantada para ser montada, voló una de las plumas de su penacho.

Ya cabalgando el camello, la joven esperó a que atrapasen su pluma, pero cuando la recibió triunfante, el animal se sentó en el suelo, exhausto por el esfuerzo. El peso de la pluma era demasiado, iba más allá de lo que podía soportar su fuerza.

La pluma, Sra. Vizcondesa, fue más allá de mis plumas, releo el juego de palabras.

- La historia es hermosa, pero no me aclaró nada.

- ¿Quiere otra modalidad?

- Si es fértil en el género, no me prive de escucharlo.

- Hay un momento en la vida humana, que llamaré de la desgracia. Es cuando se divisa el borde extremo de la caminata que conduce a lo desconocido, a lo imprevisto, quizás a lo inaccesible, a una vaga luz de la Luna, o al fuego fatuo desprendido de algún sarcófago. Todo es misterio más allá de esta región distante, todo dubitable, fantástico, aterrador; pero la atracción del abismo; como un soplo violento del vendaval, arroja al viajero hacia adelante, lo empuja con el impulso de los brazos de Briareu, mientras la ráfaga arroja la galera contra la roca, partiéndole el mástil de la proa. Y cuando el peregrino, con sus pies desnudos y sangrientos, ya de rodillas, porque se le agotaron las fuerzas, palpa el suelo y levanta los ojos buscando el brillo del amanecer, recibe un beso frío de lleno en su rostro, como debería ser el de la muerte, y de repente se encuentra envuelto en el temor lóbrego una noche eterna, de la cual la misma Luna huye temerosa.

Y volvió a colocar sobre sus brazos la cabeza febril.

- ¿Qué tiene? ¿Se siente agotado?

- Sí, mi señora, siento en la cara el beso de la muerte, tengo en los ojos la oscuridad de la noche eterna - dijo levantando los ojos secos.

- Dios mío, ¿será que se volvió loco?

- ¿Y qué es esto si no locura? ¿Cómo podré definir esta angustia, donde me retuerzo por tanto tiempo y contra la cual no encontraré a nadie que me ayude? Ni siquiera usted... ¡Ni siquiera usted, la única que podría salvarme, que podría sacarme de aquí de dentro del pecho este horrible cáncer, lo que me corroe y hiere cruelmente!

Estela lo entendió y respondió suavemente:

- Fue muy tonto por dejarse vencer así.

- Sea al menos piadosa, si no quiere ser razonable, mi señora. Comprenda que la conmoción espontánea no puede ser detenido como un automóvil que nos cruza en el camino. El corazón no conoce frenos, ni los obedecería cuando junto a él ya sintió las vibraciones de una criatura a quien el cielo enriqueció con todas las gracias imaginables. Doña Estela sabe que vino al mundo para deslumbrar con su belleza, y yo fui deslumbrado.

- Es una infelicidad.

- Será; sin embargo, quién sufrirá la mayoría de las lesiones será solo yo. Usted no padecerá la incomodidad al escuchar más mis lamentos. En adelante, sabrá que hay un hombre extra en la Tierra. No suportaré por más tiempo el peso bárbaro de la desgracia. ·

De hecho, Roberto, al ver la constante frialdad de Estela, fue superado por el desánimo y pensó en suicidarse.

Había en la parte inferior del parque un río profundo y ancho, donde a veces se acercaban los visitantes de la gran chacra. Roberto pidió permiso para retirarse. Bajó al parque y se encaminó al fondo. Este gesto fue percibido por la joven, que, desde lejos y sin ser vista, lo siguió hasta cerca de la corriente, siempre escondida entre el follaje denso de los arbustos.

Roberto se detuvo, se sentó en una piedra y estaba contemplando las aguas claras y escuchando a la pequeña cañada en los acantilados, a la distancia. Luego sacó el pañuelo del bolsillo, se lo puso en los ojos y dio largas a su corazón, sollozando como un niño y balbuceando:

- El amor es una trampa engañosa de la felicidad.

Sus lágrimas eran sinceras, indescriptibles a su pasión.

La Vizcondesa, temiendo que cometiese un desatino, se acercó y lo tocó en el hombro.

- ¿Por qué hace esto? Para que las lágrimas nada remedian.

- Pero consuelan; estas son las únicas amigas de los que sufren. Déjeme acariciarlas, que su calor me da algunos momentos de comodidad.

- Pero no se quede aquí, porque me asusta.

- ¿Tiene placer que vaya?

- Naturalmente.

- Su miedo por mí es un bálsamo. Permítame que le bese las manos; esto incluso se usa en la alta sociedad.

Y tomando ambas manos, las besó con ardiente corazón hambriento.

- Mañana vuelva a asumir su puesto en la oficina - ordenó a la joven.

Y condujo al alucinado admirador hasta la puerta de salida.

Al otro día, Roberto retomaba su lugar, que había supuesto vacío, en virtud de su franqueza en la exposición de sus amores, y no pronunció una sola palabra sobre el incidente de la víspera, como si nada hubiera sucedido, al igual que Estela solamente lo buscó para invitarlo, como de costumbre, a tomar el té por la tarde. La conversación se restringió a asuntos enteramente diversos de lo que era de sospechar.

Pero la mujer es el ángel de la sensibilidad.

Si creyera en la metempsicosis, que, según la teoría de Pitágoras, es la transmigración del alma en reemplazo para animar a los otros géneros de la naturaleza, sería el primero en decir que lo sensible es la reencarnación del alma de las mujeres.

Desde el momento en que Estela vio a Roberto llorar por el abismo, tuvo pena por él y le entendió la sinceridad del afecto.

Ella había amortiguado amistad con su esposo. No es que no lo estimase, pero como sabe, lector psicólogo, entre estima y amor, sino amor verdadero, amor violento, amor loco, va a la distancia del infinito.

Esta célebre mascota, que es más destructiva que un gusano en una librería, o que termita en una tienda de muebles, esa traicionera carcoma oculto, mosca tabanera, viéndome, polilla, lombriz intestinal o algo que valga la pena, comienza a atacar los corazones de la tímida sensitiva hasta abrirle un agujero y otro y otro, de modo que un día volvió a reaparecer con ese vestido de lino blanco, más perfumada, más provocadora y dijo algunas cosas de este contenido:

- ¿Entonces mi querido secretario quería morir?

- Quería y todavía quiero. Le juro que un día será sorprendida por el final de este suplicio.

- ¿Cuál suplicio?

- Amar y no ser amado.

- Qué infantilidad. Su padre consume una parte de su patrimonio para educar a su hijo, que de una hora para otra decide meterse una bala en el cerebro. ¿Qué diría él, frente a este desatino?

- No lo sé, porque mi cadáver no lo escucharía.

- No quiero que se mate.

- ¿Qué interés tiene en mi vida?

- Ahorrarme un gran disgusto.

- ¿Quiere decir lógicamente a que tiene gusto de que yo viva?

- Naturalmente.

- Pero el gusto simplemente no es suficiente; yo exigiría más, mucho más.

Y le tomó las manos, besándolas con ardor.

- Sea prudente – observaba ella fingiendo estar molesta.

- Perdí la noción de prudencia, soy ciego, me vuelvo loco.

Y luego el joven descarriado, levantó la vista, se acercó a ella por la fuerza, tomó su busto, con su mano izquierda juntó su cabeza hacia su hombro, apretándola, y colocó los labios en los de ella, en un beso ardiente y prolongado.

Ella cerró los ojos y permaneció en el delirio de un éxtasis.

XIII

El Vizconde d'Alençon tuvo que quedarse durante mucho tiempo, porque había estado en Argelia, donde tenía un astillero, y necesitaba supervisar la reparación de naves en ruinas, que les estaba haciendo falta a los empleados.

Días después de la escena apasionada descrita, ¡*horresco reference*! Estela presentaba indicios de embarazo.

Desde luego, la situación se le presentaba horrible ante el hecho, que no podemos decir imprevisto, salvo el caso de la infecundidad. Sin embargo, tratándose de dos jóvenes llenos de vida y deseos ardientes, el fenómeno se explica claramente por las leyes fisiológicas de la fecundación, ya conocidas desde Eva cuando sintió el movimiento de Caín hasta la metodización científica de Claude Bernard.

Resultó que, con el pasar de los días y las semanas, se incrementaba la angustia de los dos cómplices, y con ello el temor que el Vizconde regresara inopinadamente y observara el agotamiento físico, los síntomas de la depresión y la palidez en el rostro de la esposa.

Ella, ahora, simulando una erisipela en su pierna derecha, se alejaba de la vista de los amigos, hacía las comidas en sus habitaciones, evadió las visitas y se recogía a la cama, debajo de las sábanas, para ocultar los rastros de la infidelidad.

Consideró impedir todo el trance que Armando viniese a saber de la infamia, que venía a mancharle el hogar y la reputación, y se imaginaban los medios más razonables para ocultar el crimen. Hacer que el niño desaparezca sería fácil, confiándolo a extraños, pero la presencia de un médico partero en el momento del hecho era indispensable, y todos los facultativos de la ciudad conocidos de la familia, no deberían ser testigos de su desmoralización.

Tal era el "secreto" que inclusive el padre de Roberto nunca sospechara de sus amores, ni podía ser alejado del conocimiento de los procesos imaginados para salvar el honor de la Vizcondesa.

Había en Briouze; localidad cercana, un modesto médico, especialista en ginecología, que habitaba en un rincón de la localidad, donde cierta vez Roberto fuera a visitar a un colega del colegio de París, y con el cual tuviera una rápida conversación por ser tío del amigo. Elaboró un plan, que le pareció efectivo para evitar el peligro inminente en el que se encontraban los amantes, aun más, ya que su propósito era nunca perder la amistad de la concubina.

Se aproximaba el período fatal e invariable de la ley de nacimiento. Afortunadamente para ambos, el Vizconde anunciara que su demora sería aun de uno o dos meses, salvo motivos de fuerza mayor, que lo detuviera por más tiempo. Tanto mejor, porque eso vendría en auxilio del restablecimiento de las energías y de los colores de la parturienta.

Pretextando negocios del Vizconde en Briouze, que lo obligaban a estar ausente durante dos días, Roberto se despidió de su padre y, al alquilar un caballo, se puso en marcha con un guía conocedor de los caminos, llevándose consigo una pistola para defenderse de posibles ladrones, siempre comunes en la encrucijadas de las carreteras del interior.

De regreso trajo consigo al Dr. Santerre, un hombre en sus cincuenta años, delgado, pero alto y fuerte, que se preparase con los pertrechos en su maleta de cuero para el caso de una intervención quirúrgica.

El médico tenía la casa abierta y allí se hospedó. Después de examinar a la paciente detenidamente, afirmando que en unas pocas horas sería exonerado de su responsabilidad.

- Por poco más - dijo, convencido de su sabiduría, ya no se necesitarían mis servicios.

Los sirvientes comentaban así la enfermedad de la patrona:

- Pobrecita, está muy debilitada, y luego vino el médico llamado por el secretario - dijo la camarera.

- Para mí, nadie me saca que esto fue mal de ojo - observó otra criada.

- Ahora calla esas creencias.

- Pues quédate sabiendo que yo ya fui víctima de mal de ojo. Fue cuando un sargento de la Guardia Nacional estaba alrededor de mi callejón y lo rechacé.

- Miren a la pretenciosa, tú con esa cara de uva arrugada y ojos torcidos para rechazar al sargento... Tomarás un soldado raso.

- ¿Qué dices, malcriada? Hablas por despecho, bien te conozco, mi palo de naranja, que nunca tuviste a nadie que te quiera.

- Ahora lo encontré. Eran docenas.

- ¿Y confiesas esta bribonada ante una doncella?

- Oh, la doncella, que se está pudriendo... ¿pues no viste la virgen ofendida?

No se diera a conocer al médico el amante de Estela, por lo que, así como él no había recordado al muchacho que mucho tiempo atrás le había sido presentado por su sobrino, le fue fácil a Roberto hacerse pasar como el marido de la enferma, advocando así la dual paternidad; es decir, la legítima y la robada.

De hecho, como predijo el Dr. Santerre, en las primeras horas de la noche del mismo día, Estela sintió la necesidad de su presencia, y alrededor de la medianoche, el facultativo decía sonriente al imaginario Vizconde:

- ¡Mire, Excelencia, qué niña tan robusta!

El padre tomó a la criatura en sus brazos, resonante como si dijera:

- ¡Sinvergüenza! ¿Qué viniste a hacer por aquí? ¿Incomodarnos? Pues vas a tener tu recompensa.

Y simulado llevar a la recién nacida a algún aposento interior.

Saliendo de casa, después que el médico se recogió a su habitación, se dirigió al parque, siguió las alamedas iluminados por una clara luz de Luna y llegó a la laguna.

Allí llegó, contempló el cielo y blasfemó:

- Oh, tú, que me diste este regalo griego, aquí te lo devuelvo por inoportuno.

Y arrojó a la niña llorando a lo profundo del lago de aguas serenas.

A lo lejos, el murmullo de la cascada era como el eco de los gemidos de la inocente, que había sido inmolada en un sacrificio de infame crimen.

Y el desgraciado volvía a paso lento como si el peso del abrumador hecho pesara en su consciencia. Luego recordó el día en que había estado allí para fines, que no estaba seguro de realizar, sino que la bondad de la mujer que degradara le comenzó a dar la oportunidad para avanzar.

La Luna había comenzado a esconderse detrás de las nubes grises, como si estuviera avergonzada de haber observado esa iniquidad, y en la distancia el chirrido agorero del vampiro era como el heraldo pregonando por la ciudad el anuncio de un hecho quizás virgen en los anales de la perversidad.

Y el miserable entró en un porche, que estaba al lado de la casa, y luego se tumbó sobre mucha paja, porque no podía regresar a su residencia antes del amanecer del día, a fin de comunicar a su padre su regreso.

Por la mañana, los dos hombres se reencontraron y visitaron a la parturienta, que no tenía fiebre, pero en el estado mórbido que deja el agotamiento del parto.

El médico preguntó por la criatura al pseudo Vizconde, quien respondió que estaba con el ama, todavía recogida en su habitación.

Ansioso por la partida del Dr. Santerre, Roberto se adelantó a convencerla que podría confiar en la recuperación de la paciente y la salud de la recién nacida, y agregó que quería acompañarlo hasta Briouze como le correspondía por el deber de consideración y reconocimiento.

Una vez que se establecieron los honorarios por el servicio profesional, el médico se embolsó la respectiva cantidad y, después de haberse despedido de la Vizcondesa, a quien deseó muchas alegrías con su hija, salió en compañía de Roberto, ambos montando los mismos animales que los habían traído.

Todavía no había salido el sol y el aire fresco de la mañana, invitaba a un viaje a través de esos caminos salvajes, a veces obstaculizados por el pasto y los troncos caídos en el suelo, donde los leñadores los dejaba para secar para cortarlos con machetes y cargarlos en toros.

Un cuarto de hora de viaje pasó un arroyo confluente con el río de la casa del Vizconde d'Alonçon, dividiendo el camino, y para cuyo cruce se había colocado un tronco de madera que servía para el cruce de peatones. Los animales tenían que saltar, mientras el caballero fuera entrenado en la equitación, o deberían cruzar a nado en caso contrario.

Cuando se acercó a ese punto, Roberto invitó a su compañero a cruzar, ya que él iba a hacerlo. Pasaron, y fue el médico que pasó primero, haciendo a su animal saltar.

Se estaba preparando para volver a montar cuando escuchó el estampido de un tiro que le raspó la manga del saco. Mirando sorprendido hacia el lado donde se encontraba Roberto, lo vio empuñando una pistola tipo arcabuz.

¿Qué significaba este acto del bandolerismo? ¿Qué había hecho para justificar tal asalto a su vida?

No perdonó el ataque y quiso vengarse. Regresó al mismo lugar, enfrentando al asesino, que esperó impasible que la víctima escapara. Iba a agarrar al enemigo por el cuello, cuando él, que había arrojado la pistola al suelo, sacó una daga de su bolsillo e hizo el gesto de enterrarlo en el pecho del médico. El Dr. Santerre rápido levanta su valija de cuero sobre el busto, como escudo y el puñal se entierra sobre ella, liberándolo de una muerte segura. En esto, el partero, por segunda vez liberado de la muerte, agarra con una muñeca fuerte a Roberto, lo toma por la cintura y, después de una pequeña pelea, lo arroja al suelo y lo pisa con el pie derecho. Arranca el puñal del maletín y lo entierra seguro en el pecho del oponente en dirección al corazón.

El amante de la Vizcondesa soltó un grito agudísimo y estableció después de una ligera agonía. Este grito fue el único sonido que se escuchó allí en la soledad del bosque, ya que estas trágicas escenas estaban ocurriendo en silencio sepulcral.

Entonces el Dr. Santerre puso sus manos de Roberto sobre su pecho, abriendo los dedos de su mano derecha y agarrándolas sobre el mango del arma, para parecer que el cadáver era un suicidio. Luego lo arrastró a la corriente, donde lo dejó en cúbito dorsal en dirección de la corriente.

Dado que la pistola no podía quedarse allí para no complicar la situación, el criminal la metió en la silla de su caballo y la llevó con él, ya escarmentado con lo que vendría a suceder.

Roberto acababa de pagar su deuda con el pasado, al matar al Conde de Essex, su padre, en el momento que comentamos, pero contraía otra con el asesinato de su inocente hija.

Raros fueron los viajeros por allí. Solo después de dos horas, el médico encontró algunos mercaderes de aves, que las iban a vender en Argentã.

Cuando pasaron por la escena del crimen, vieron sorprendidos el cadáver allí en la corriente y junto a él, arrestado por su cuerpo, otro cuerpo con sus bracitos extendidos sobre él. Era el de una niña muerta, que parecía recién nacida.

La hija de Roberto, que la corriente de aguas, la llevara hasta allí, como para apreciar el crimen, o tal vez para reclamar venganza. Pero no. Esta chica era la reencarnación de su legítima esposa Amy Robsante, en 1550, que venía a reconciliarse con el ingrato, y él volvía a equivocarse.

Los comerciantes corrieron para advertir al funerario, doblemente encontrados a las autoridades de Argentã.

La policía hizo la necesaria investigación, llegan do a la conclusión que realmente se trataba de un suicidio, tal era la prueba de la daga empuñada por el muerto.

Pero, ¿esa criatura?

El misterio era tal que nadie supo nunca aclarar. Solo Estela lo sabía, la desgraciada mujer, que vertió lágrimas de sangre por el amante y su coparticipación en tales desgracias.

El padre de Roberto, que ya había agotado todas sus lágrimas con el durísimo golpe al perder a sus queridos hijos Pedro y Carlota Corday, ambos en el patíbulo, sufrió más este misterio. Le preguntó a Vizcondesa aquello que pudiese orientarlo sobre el resultado fatal de la vida de este hijo desdichado, dedicado a las aventuras lujuriosas, pero nada pudo avanzar en su investigación. Sabía que el hijo había sido dirigido hacia Briouze, pero ¿para suicidarse? ¿Por qué?

Los periódicos de la Tierra comentaron sobre el caso con un sabor a fábula, publicando el nombre del asesinado.

El Dr. Santerre, leyendo las noticias, se preguntó a sí mismo:

- ¿Pues yo apuñalé a Roberto Corday? ¿Pues no al Vizconde d'Alençon que maté?

Y el sobrino del médico, el Roberto, condiscípulo de Roberto, a quien había visitado algún tiempo antes, y fue quien leyera las noticias en los periódicos, agregó:

- Este sujeto era un descarriado; tío no te imaginas cómo su padre estaba molesto con sus desatinos. Parecía un.

- Se ve que estaba muy loco.

Y para sí mismo:

- Yo lo digo; ¡tan loco que tenía la casa del Vizconde como suya y le fiscalizaba el nacimiento de los hijos! Excelente auxiliar, el bandido.

Y también se callaba, también su boca era una tumba cerrada, pues sino también se comprometería.

* * *

Luego que Armando de Nioac regresó de sus negocios en Argelia, encontró a su esposa aun muy abatida por la catástrofe, pálida y con notoria pérdida de peso, pero supo por ella, y fue confirmado por la voz unánime de los sirvientes, que habían tenido nueve meses sufriendo de una erisipela que la postró en cama, forzada a la soledad, como abandonada por el mundo.

Él la besó muy apenado y juró nunca más separarse de su virtuosa esposa y mártir - digna, dijo -, de ser canonizada después de muerta.

Y hombres, animales, plantas, vientos, cielos y mares, y todas las creaciones de la naturaleza silenciaron para honrar la buena fe del hombre santo y buen esposo.

Por su pensamiento, no pasaron, ni como un ligero aliento de favonio, las irreverencias de Shakespeare, cuando avanzó a través de la boca de Marco Antonio: "No pienses que soy tan simple que no sé que el mismo diablo no sería capaz de comer una mujer."

Y fue el primero en lamentar junto con su esposa la triste locura de su secretario.

- Cuánto habrás sufrido, mi pobre amiga, con la desafortunada resolución de este honorable y amable mancebo.

La lectora abstracta, es que desmenuza episodios, que no se quiere dar al trabajo cerebral de hacer comparaciones, ni adelantarse a quien le cuenta historias, ciertamente no se dio cuenta de las intenciones de Roberto de matar al médico de Estela; pero el marido, o el novio de la lectora, más exigente, más dado a las filosofías, comenta así:

- ¿Por qué motivos Roberto querría matar al médico, que vino a sacarte de apuros, viniendo desde tan lejos?

Y voy, servicial y solícito, juzgando el buen sentido común con el que el lector arguciosos documenta su perspicacia e inteligencia, pondero y repito mucho la pureza de aquello que de antemano ya había ponderado el amante de la Vizcondesa, cuando consideraba para sí mismo:

- "Este médico siempre será siempre un espectro vivo que amenaza el secreto de mi crimen y la tranquilidad de mi amante. Más tarde o más temprano puede soltar la lengua porque es un testigo vivo, de hecho el más impugnable de la caída de Estela. Desapareciéndolo, cesan todos los temores, con él mueren nuestros secretos. Pues que muera."

Allí está la génesis del intento de asesinato, que resultó en la constatación de una vieja deuda: se volteó el hechizo contra el hechicero.

"Este mundo, cubierto de estiércol - escribió el Shakespeare antes mencionado -, alimenta por igual a las bestias y los hombres."

* * *

Volvían las criadas a sus comentarios:

- ¿Y no es que la presencia del señor nuestro amo hizo que las fuerzas a la Sra. nuestra ama volvieran?

- Ah, esto ya se estaba viendo; una mujer, al ver a su hombre caminando a través de extraños, se queda así de manera que padece hambre y no tiene nada que comer.

- Pobrecito de él, que ya estaba muerto de nostalgia. ¿No viste cómo besaba ayer a la mujer?

- ¿Demonio, porque estás pendiente de los besos de los jefes?

- Si yo estaba en la sala, ¿cómo no iba a ser testigo?

- Pues no era para que estuvieras.
- Mira esta ahora, señora Joana.
- Señora, no; dobla la lengua; señorita es lo que soy.
- Pues ya no dijiste que ellos eran como...
- Ellos, ¿quién?
- Los machos.
- Eso no viene al caso. Soy soltera.

Tapémonos los oídos para no escuchar a ningún desvarío del lenguaje, y viajemos hasta Briouze, armados con dos pistolas, debido a las dudas.

* * *

Aun no había transcurrido una quincena después del crimen pasado en el camino de Argentã, cuando el Dr. Santerre tuvo un nuevo llamado para examinar a un paciente en Flers, un pequeño pueblo de unos veinte kilómetros de distancia.

Recordando el último ataque, pensó que era aconsejable prevenirse con un arma que nada le hubiera costado. Tomó la pistola, que había sido de Roberto, la llevó y estaba dispuesto a meterla en la funda de la montura, pero, poco hábil con tales manejos, al arreglarla, el gatillo fue arrestado en el estribo del animal y un disparo certero le atravesó el cráneo al caballero mientras se prepara para montar. La sangre salió a borbotones, mezclándose con la masa encefálica, y el destrozado médico, caído en el suelo, agonizaba antes que lo llevaran dentro de la casa.

El alma vengativa de Roberto cumplía una misión superior, porque el Dr. Santerre era la reencarnación de aquel espía Víctor, que había envenenado a Carlos IX en vida anterior, y que renaciera bajo el nombre de Víctor Santerre.

XIV

Ninguna esperanza de mejora animaba al espíritu de Gaspar por ver a su amada mujer, después de tanto tiempo ir perdiendo cada vez más la noción de sentido común.'

A veces salía de casa sin ser vista y deambulaba por las calles de Nápoles, donde la policía la retuvo por descubrir los síntomas de las enfermas atacadas de paranoia. Pero su esposo ya se había acostumbrado a esas fugas, y la buscaba en los lugares donde sabía que la encontraría refugiada.

Los recorridos en los que Catalina encontró más sabor fue los de los alrededores del Vesubio, por el encanto natural, de sus pampas verdes.

El volcán se encuentra a 1198 metros de altitud en el distrito de Castelo-a-Mare. El atrio del castillo es una peña circular, y 11 kilómetros y su circunferencia es 45, todo cubierto por plantaciones de vid.

En este promontorio, el suelo, cortado por varios ríos, se vuelve a contactar por grandes piedras y más pequeñas, reinando un calor aterrador y habiendo de vez en cuando una inesperada lluvia de piedras, que se lanzan a grandes distancias y a enorme altura, llegando algunas a producir la muerte de quien por ellas es alcanzada, tal su volumen y peso. Cuando la incandescencia es mayor, el humo espeso y las cenizas se extienden a través de la ciudad, estos fenómenos se convierten en una calamidad.

Por la extensión de las erupciones, fueron famosas las erupciones del año 79 antes de Cristo, en el que Herculano y Pompeya fueron sepultadas, y que duraron tres días. La historia establece muchas otras en los años 110, 203, 472, 907, 1036, 1138, 1139, 1631, 1737 y otras más de pequeñas proporciones.

Una mañana, Catalina tuvo mejoras razonables, habiendo conversado con calma con su esposo, cuando decidió salir a caminar, sin decírselo. Fue a los costados de Misene, donde subió al Vesubio, y caminó hacia la montaña, llegando al promontorio por la tarde, allí encontró miles de visitantes de la magnífica región.

Gaspar, notando su larga ausencia, estaba preocupado como siempre y se fue a la calle en busca de su compañera, pero no pudo encontrarla.

Ya demasiado tarde, comenzaron a caer sobre la ciudad las cenizas y el humo asfixiante, que se rodeaban del Vesubio, se supo que se había producido una explosión, victimizando a miles de personas que disfrutaban del maravilloso espectáculo del paisaje, de las vides colmadas de uvas maduras en las inmediaciones del horrible cráter.

La desgracia se reflejara por toda la ciudad, cuyos habitantes corrían en masa al saber las noticias de parientes y amigos, que se habían acercado a esta peligrosa región.

Nadie podía saber con certeza quién había perecido allí, pero por la prolongada ausencia, y así es como Gaspar pudo asegurarse que su esposa había sido una de las víctimas.

Pero a su lado, el número de aquellos que la acompañaron en este cataclismo era una legión, como legión habían sido los autores de la carnicería en la noche de San Bartolomé, los cuales vinieron a reunirse a ella en la misa solidaridad del mal, para juntos también rescatasen sus deudas ante la justicia divina.

Gaspar luego regresó solo a París, con el corazón dolido, y allí le fue lícito recibir el abrazo de su único hijo vivo, Alexandre. Sobre los demás, la piedra de la tumba encerraba los cuerpos decapitados de sus queridos herederos Lucília y Juan.

El único consuelo que tuvo era asistir al matrimonio del Capitán Alexandre con Geni, quienes pasaron a residir con él en el orfanato en compañía de Jaques, quien a su vez lloraba el desgraciado fin de su muy amado extremo miserable de su muy querido Camilo.

Carlos se quedara siempre viviendo con su suegros, que lo adoraban como si fuera un hijo. Ahora la pareja Portier tenía dos angelitos para deleitar su hogar, y sus abuelos se fusionaron con las infantilidades de los nietos, riendo y jugando en común.

Así, vimos dispersados los personajes de esta historia, cada uno tomando su destino, determinado por el Creador, para reencontrarse más tarde renacidos en otra situación, en la que ciertamente vendrán a demostrar su progreso, siguiendo como el convertido Saulo en el *Camino de Damasco* este bajo el cual será conocida la dirección espiritual a la que obedecerán los juicios de cada uno en la escala ascendente del progreso inexorable.

Por lo tanto, si la historia de estos personajes en el escenario de la vida tormentosa dejaran heridos los corazones sensibles e incrédulos de la justicia superior, la continuación de su próxima caminata, en la que irán redimiendo sus infracciones con la ley de la perfección, tranquilizarán a cuántos aun no se ajustan con la necesidad imprescindible de obedecer a los dictados de esta misma ley, que es el corolario del amor a los demás.

FIN DE LA SEGUNA ÉPOCA

En el romance Camino de Damasco, el lector encontrará la continuación de esta historia, con sus personajes reencarnados.

Grandes Éxitos de Zibia Gasparetto

Con más de 20 millones de títulos vendidos, la autora ha contribuido para el fortalecimiento de la literatura espiritualista en el mercado editorial y para la popularización de la espiritualidad. Conozca más éxitos de la escritora.

Romances Dictados por el espíritu Lucius

La Fuerza de la Vida

La Verdad de cada uno

La vida sabe lo que hace

Ella confió en la vida

Entre el Amor y la Guerra

Esmeralda

Espinas del Tiempo

Lazos Eternos

Nada es por Casualidad

Nadie es de Nadie

El Abogado de Dios

El Mañana a Dios pertenece

El Amor Venció

Encuentro Inesperado

Al borde del destino

El Astuto

El Morro de las Ilusiones

¿Dónde está Teresa?

Por las puertas del Corazón

Cuando la Vida escoge

Cuando llega la Hora

Cuando es necesario volver

Abriéndose para la Vida
Sin miedo de vivir
Solo el amor lo consigue
Todos Somos Inocentes
Todo tiene su precio
Todo valió la pena
Un amor de verdad
Venciendo el pasado

Otros éxitos de Andrés Luiz Ruiz y Lúcio

Trilogía El Amor Jamás te Olvida
La Fuerza de la Bondad
Bajo las Manos de la Misericordia
Despidiéndose de la Tierra
Al Final de la Última Hora
Esculpiendo su Destino
Hay Flores sobre las Piedras
Los Peñascos son de Arena

Otros éxitos de Gilvanize Balbino Pereira

Linternas del Tiempo

Los Ángeles de Jade

El Horizonte de las Alondras

Cetros Partidos

Lágrimas del Sol

Salmos de Redención

Libros de Eliana Machado Coelho y Schellida

Corazones sin Destino

El Brillo de la Verdad

El Derecho de Ser Feliz

El Retorno

En el Silencio de las Pasiones

Fuerza para Recomenzar

La Certeza de la Victoria

La Conquista de la Paz

Lecciones que la Vida Ofrece

Más Fuerte que Nunca

Sin Reglas para Amar

Un Diario en el Tiempo

Un Motivo para Vivir

¡Eliana Machado Coelho y Schellida, Romances que cautivan, enseñan, conmueven y
pueden cambiar tu vida!

Romances de Arandi Gomes Texeira y el conde J.W. Rochester

El Condado de Lancaster

El Poder del Amor

El Proceso

La Pulsera de Cleopatra

La Reencarnación de una Reina

Ustedes son dioses

Libros de Marcelo Cezar y Marco Aurelio

El Amor es para los Fuertes

La Última Oportunidad

Nada es como Parece

Para Siempre Conmigo

Solo Dios lo Sabe

Tú haces el Mañana

Un Soplo de Ternura

Libros de Vera Kryzhanovskaia y JW Rochester

La Venganza del Judío

La Monja de los Casamientos

La Hija del Hechicero

La Flor del Pantano

La Ira Divina

La Leyenda del Castillo de Montignoso

La Muerte del Planeta

La Noche de San Bartolomé

La Venganza del Judío

Bienaventurados los pobres de espíritu

Cobra Capela

Dolores

Trilogía del Reino de las Sombras

De los Cielos a la Tierra

Episodios de la Vida de Tiberius

Hechizo Infernal

Herculanum

En la Frontera

Naema, la Bruja

En el Castillo de Escocia (Trilogía 2)

Nueva Era

El Elixir de la larga vida

El Faraón Mernephtah

Los Legisladores

Los Magos

El Terrible Fantasma

El Paraíso sin Adán

Romance de una Reina

Luminarias Checas

Narraciones Ocultas

La Monja de los Casamientos

Libros de Elisa Masselli

Siempre existe una razón

Nada queda sin respuesta

La vida está hecha de decisiones

La Misión de cada uno

Es necesario algo más

El Pasado no importa

El Destino en sus manos

Dios estaba con él

Cuando el pasado no pasa

Apenas comenzando

**Libros de Vera Lucía Marinzeck de Carvalho
y Patricia**

Violetas en la Ventana

Viviendo en el Mundo de los espíritus

La Casa del Escritor

El Vuelo de la Gaviota

**Vera Lucía Marinzeck de Carvalho
y Antônio Carlos**

Amad a los Enemigos

Esclavo Bernardino

la Roca de los Amantes

Rosa, la tercera víctima fatal

Cautivos y Libertos

Libros de Mónica de Castro y Leonel

A Pesar de Todo

Con el Amor no se Juega

De Frente con la Verdad

De Todo mi Ser

Deseo

El Precio de Ser Diferente

Gemelas

Giselle, La Amante del Inquisidor

Greta

Hasta que la Vida los Separe

Impulsos del Corazón

Jurema de la Selva

La Actriz

La Fuerza del Destino

Recuerdos que el Viento Trae

Secretos del Alma

Sintiendo en la Propia Piel

Otros Libros de Valter Turini y Monseñor Eusébio Sintra

Isabel de Aragón, La reina médium

El Monasterio de San Jerónimo

El Pescador de Almas

La Sonrisa de Piedra

Los Caminos del Viento

Si no te amase tanto...

World Spiritist Institute

www.ingramcontent.com/pod-product-compliance
Lightning Source LLC
LaVergne TN
LVHW041941070526
838199LV00051BA/2866